目　　录

U0951065

ICS 03.200
A 12

LB

中华人民共和国旅游行业标准

LB/T 041—2015

旅游发展规划实施评估导则

Tourism development planning guidelines for the implementation of assessment

2015-07-27 发布　　　　2015-11-01 实施

中华人民共和国国家旅游局　发布

前　　言

本标准按照GB/T 1.1—2009给出的规则起草。

本标准的附录A、附录B、附录C、附录D、附录E和附录F均为规范性附录。

本标准由中华人民共和国国家旅游局提出并归口。

本标准由国家旅游局负责解释。

本标准起草单位：国家旅游局规划财务司、北京中科景元城乡规划设计研究院、国家信息中心旅游规划与研究中心。

本标准主要起草人：彭德成、石培华、张树民、方言、王晓宇、倪灵、何燕、朱瀚威、邢剑华、徐勤飞、石伟伟、赵云、黄萍。

引　　言

按照《中华人民共和国旅游法》第二十二条要求，为保证旅游发展规划有效执行，增强旅游发展规划权威性，加强旅游发展规划的实施评估工作，特制定本导则。

旅游发展规划实施评估导则

1 范围

本标准规定了旅游发展规划实施评估的主体、方式、程序、内容与标准及监督落实。

本标准适用于各级旅游发展规划的实施评估，旅游专项规划可参照此标准开展评估。

2 规范性引用文件

下列文件对于本文件的应用是必不可少的。凡是注日期的引用文件，仅注日期的版本适用于本文件。凡是不注日期的引用文件，其最新版本（包括所有的修改单）适用于本文件。

GB/T 14308 旅游饭店星级的划分与评定

GB/T 17775 旅游区（点）质量等级的划分与评定

GB/T 18971 旅游规划通则

GB/T 18972 旅游资源分类、调查与评价

GB/T 18973 旅游厕所质量等级的划分与评定

GB/T 50298 风景名胜区规划规范

LB/T 025 风景旅游道路及其游憩服务设施要求

3 术语和定义

3.1

旅游发展规划 Tourism Development Plan

是指特定区域在一定时期内发展旅游业的总体部署与安排。旅游发展规划分为全国旅游业发展规划、区域旅游业发展规划和地方旅游业发展规划。地方旅游业发展规划又分为省级、地市级和县级旅游业发展规划。旅游发展规划期限一般分为近期、中期和远期。近期规划3～5年，中期规划5～10年，10年以上为远期规划。

3.2

旅游专项规划 Specialized Tourism Planning

是根据旅游发展规划，对特定区域内旅游项目、设施和服务功能配套提出的专门要求，包括旅游区规划、旅游项目规划、旅游要素发展规划、旅游产品规划等。

3.3

旅游发展规划实施评估 Assessment for Tourism Development Plan Implementation

是指对旅游发展规划执行情况及实施效果进行评估，兼顾对规划编制情况进行评估。

4 评估主体

4.1 各级人民政府应组织对本级人民政府编制的旅游发展规划的执行情况进行评估，并向社会公布。各级旅游行政主管部门可根据各级人民政府授权具体组织。

4.2　全国旅游发展规划、跨省级区域旅游发展规划、跨省级区域重点线路旅游发展规划，应由国家旅游局负责组织评估，并向社会公布。
4.3　跨行政区域的旅游发展规划，应由相关行政区域地方人民政府组织协商，或者上一级旅游行政主管部门组织评估并向社会公布。

5　评估方式

5.1　旅游发展规划评估工作按照政府组织、专家评估、公众参与的原则，宜建立相应的评估工作机制和工作程序。评估工作应由非利益相关的第三方专业机构组织专家进行评估，并广泛征求社会各方意见，建立第三方主导、多方参与的规划实施评估机制。
5.2　按照“定量与定性评估相结合，自我评估、专家评审与社会参与相结合，材料审查与实际考察论证相结合”等原则，应对规划实施进行综合评估，具体评分可另制定评分细则（旅游发展规划综合评价表见附录 A）。
5.3　最终评估宜采用专家评审会的会议审查方式。有特殊情况的，可以采取其他评审方式，并形成统一书面评审意见，经评审专家组全体成员签字。每位评审专家形成独立的专家意见评估表并签名（专家意见评估表见附录 D）。
5.4　规划实施评估报告内容应包括：规划的基本情况；规划主要目标的落实情况；规划主要内容、重点项目、重点任务的执行进展情况；规划实施的综合影响；总体评价及原因分析；问题与建议等。

6　评估程序

6.1　评估准备。应成立评估领导协调小组，提出评估要求，确定评估工作方案，委托负责评估的单位组建专家委员会，明确相关责任。
6.2　编写规划实施评估报告。承担评估任务的单位应组织相关领域专家在系统收集资料、实证调查分析、深入比较研究等基础上，负责编制旅游发展规划实施评估报告，并收集准备各种相关内容证明材料（评估报告的大纲见附录 B）。
6.3　广泛征求各方意见。形成的旅游规划实施评估报告，应书面征求本级人民政府相关部门、行政隶属的下级人民政府、重点旅游企业等相关方意见（政府部门评估表见附录 E），承担评估任务的单位应根据各方意见对报告修改完善。
6.4　组织专家进行评阅。对评估报告应进行专家评阅，提高评估报告的专业性、科学性。评阅专家组由相关领域专家组成。评阅专家组设专家组组长 1 人，主持专家评阅会。专家组对规划实施评估报告进行认真审查讨论、检查复核相关材料，形成专家评阅意见。评估报告需经全体评审人员讨论表决，有三分之二以上专家同意，方为通过。
6.5　评估结果社会公示并建立反馈机制。评估报告形成后，应通过政府网站、政府公报、新闻发布会以及报刊、广播、电视、网络等，将规划执行和落实情况向社会公示，时间不应少于 15 天。第三方评估机构汇总公众意见（社会公众认知度评价表和社会意见评估表格式见附录 F），吸纳合理内容，对评估报告修改完善，形成旅游发展规划评估报告最终成果。（评估程序详见附录 C）

7　评估内容与标准

7.1　应评估旅游发展规划是否按要求编制并采取有效措施推进实施。具体内容包括：规划编制的程序是否完整，是否由政府发布实施或由人大审议后发布实施，实施规划是否采取有效的保障措施，规划修编前是否经过严格评估等。

7.2 应评估旅游发展规划主要指标的完成情况。分析主要发展目标的完成情况，重点就旅游接待人数、旅游收入、旅游就业、旅游投资、旅游总收入占 GDP 比重等指标及其增长速度等指标的完成情况进行评估和分析。

7.3 应评估规划中提出的重点项目、重点任务的实施情况。对重点项目、重点任务的实施情况和效果进行总体评估和逐个评估。分析项目和任务是否得以实施，实施的进展情况、实施的效果、相关各方面的反映和评价等。

7.4 应评估规划实施带来的影响和综合效果。分析评估规划实施对当地旅游业发展、旅游目的地建设的影响，对当地国民经济社会发展、生态文明建设、文化建设、社会进步等的影响，利益相关方的认知度和满意度等。

7.5 应根据实施情况对规划成果进行评估。对规划主要内容实施情况评估，对规划提出的发展定位、形象定位、发展目标、空间布局、发展战略、重点项目、主要举措等主要内容的科学性和可操作性，对规划成果质量等进行评估。

评估委托方可以根据旅游发展规划实施的需要，提出其他评估内容。

8 监督落实

8.1 旅游发展规划评估成果应当向社会公示，接受公众监督。

8.2 评估结果备案。评估报告的最终成果，应按照有关程序，报原发布单位审查、备案，并报上级旅游行政主管部门备案。

8.3 对评估成果的落实情况进行监督检查。委托评估方或各级人民政府应根据规划评估报告，改进有关工作或对规划编制工作提出要求。

附　录　A
（规范性附录）
旅游发展规划综合评价表

A.1　本评价表总分共计100分，加分项2分，扣分项为38分。共分为4大项，各大项分值为：规划编制和实施与否评估24分，加分2分，扣分8分；规划内容实施情况评估20分，扣分10分；规划目标实现情况与实施效果评估36分，扣分10分；规划的后评估20分，扣分10分。

A.2　旅游发展规划最终分为“优”“良”“中”“差”“劣”，分数分别为90分以上，80～90分，60～80分，40～60分，40分以下。

A.3　第一大项表

评价项目	评价类型	评价指标	评分要求	细项分值	证明材料
规划编制和实施与否评估 24分 +2分 -8分	定性评价	规划编制	编制正式成果，并组织评审	1	旅游发展规划正式成果
			未组织编制规划，或组织编制规划但未形成正式成果的	−1	
	定性评价	政府审批	通过人大审批实施	+1	人大、政府审批通过文件
			通过政府审批实施	1	
			未通过政府审批实施	−1	
	定性评价	规划实施保障措施	落实旅游专项经费，组织成立规划实施领导小组	1	旅游专项经费、成立规划实施领导小组、规划实施标准考核办法、近期行动方案、体制机制改革等正式文件
			制定规划实施标准考核办法，制定近期行动方案	1	
			体制机制改革	1	
			未进行任何保障措施	−1	
	定性评价	专项配套规划编制	旅游重点项目，旅游服务体系	1	旅游重点项目、旅游服务体系、旅游基础设施、旅游营销与市场开发等专项规划正式成果
			旅游基础设施，旅游营销与市场开发	1	
			无任何专项规划	−1	
	定性评价	修编前的评估	修编前评估	1	修编评估报告及部门批复文件
			未进行修编前评估	−1	
	定性评价	与国民经济发展和社会发展规划的衔接情况	发展定位，发展目标衔接	1	国家及地方制定的国民经济和社会发展规划资料及衔接说明
			政策措施衔接	1	
			县级以上地方政府应当将旅游业发展纳入国民经济和社会发展规划	1	
			无衔接	−1	
	定性评价	与土地利用总体规划的衔接情况	发展目标，功能布局衔接	1	国家及地方制定的土地利用总体规划资料及衔接说明
			用地规模，相关政府政策措施衔接	1	
			土地利用总体规划适当增加旅游业发展用地	1	
			无衔接	−1	

（续表）

评价项目	评价类型	评价指标	评分要求	细项分值	证明材料
规划编制和实施与否评估 24分 +2分 -8分	定性评价	与城乡规划的衔接情况	旅游业空间发展格局与区域城镇体系空间及产业布局的衔接	1	国家及地方制定的城乡规划资料及衔接说明
			旅游城镇及景区与区域交通格局的衔接	1	
			特定旅游区与区域建设布局的衔接	1	
			重点旅游项目的落地衔接	1	
			无衔接	-1	
	定性评价	与环境保护规划的衔接情况	旅游项目和设施的规划、建设体现环境保护规划的规定要求	1	国家及地方制定的环境保护规划资料及衔接说明
			环境保护规划中，将旅游区作为生态环境保护重点区域	1	
			编制了旅游发展规划的环境影响评价	+1	
	定性评价	与其他自然资源、文物等保护和利用规划的衔接情况	与主体功能区规划，海洋功能区规划衔接	1	国家及地方各级政府制定的自然资源和文物等人文资源的保护和利用规划资料
			与自然保护区规划，风景名胜区规划衔接	1	
			与林地湿地草原森林公园保护利用规划衔接	1	
			与历史文化名城名镇名村保护规划，文物保护规划衔接	1	

A.4 第二大项表

评价项目	评价类型	评价指标	评分说明	细项分值				证明材料
规划内容实施情况评估 20分 -10分	专家评价	旅游主题形象定位实施情况	对规划中提出的，或者相近、相似的旅游主题形象定位进行旅游品牌形象的宣传与营销及其影响力和宣传与营销的效果	2	1	0	-1	旅游宣传与营销的具体做法、推广措施及营销效果等情况的说明材料
	专家评价	旅游发展定位实施情况	对规划中提出的总体定位、区域定位、产业定位等落实情况	2	1	0	-1	为落实旅游发展规划而制定的近期建设计划、年度计划、行动方案等文件
	专家评价	旅游发展战略路径实施情况	对规划中提出的发展战略、发展路径的落实情况	2	1	0	-1	为落实旅游发展规划而制定的近期建设计划、年度计划、行动方案等文件
	专家评价	旅游发展的空间布局与功能分区实施情况	对规划中提出的发展空间布局和功能分区进行产品建设、项目布局、基础设施的配套的落实情况	2	1	0	-1	旅游功能区或重要旅游区的发展方向与主导功能的说明材料

（续表）

评价项目	评价类型	评价指标	评分说明	细项分值				证明材料
规划内容实施情况评估 20分 -10分	专家评价	旅游产品建设情况	着重评估对规划的观光旅游产品、度假休闲产品、专项旅游产品、复合型旅游产品建设是否达到规划目标	2	1	0	-1	规划提出的旅游产品实施情况说明材料
	专家评价	旅游重点项目建设情况	着重评估规划中确立的旅游项目的立项情况、招商引资情况、项目投入情况、建设与经营情况、发展方向与原规划方向是否一致	2	1	0	-1	规划提出的重点项目实施情况的说明材料
	专家评价	旅游产业要素建设情况	着重评估六要素的设施建设情况、经营收入情况、是否满足游客需求等方面	2	1	0	-1	旅游要素（住宿、餐饮、娱乐、交通等设施）的统计数据，包括企业总数、接待规模、营业额、利润等统计指标
	专家评价	旅游服务体系建设情况	着重评估对规划确定的旅游信息咨询系统、旅游交通服务系统、旅游公共设施系统、旅游安全救援系统、旅游投诉处理系统等建设方面落实情况	2	1	0	-1	旅游公共服务体系，包括旅游交通服务体系、旅游信息咨询体系、标识标牌、环卫设施等方面的实施情况说明材料
	专家评价	旅游市场宣传与营销推广情况	着重评估旅游市场宣传与营销的口号、资金投入、渠道、手段、效果	2	1	0	-1	旅游宣传与营销的具体做法、推广措施及营销效果等情况的说明材料
	专家评价	旅游保障措施的实施情况	着重评估政府是否采取或采取的旅游发展体制机制、组织领导、资源保护、人才保障、科技保障、资金保障等政策、措施的实施情况和实施效果	2	1	0	-1	在组织领导保障方面所采取的若干措施、财税优惠支持政策、土地优惠支持政策、投融资优惠支持政策等文件材料

A.5 第三大项表

评价项目	评价类型	评价指标		评分说明	细项分值				证明材料
规划目标实现情况与实施效果评估 36分 -10分	定量评价	核心指标	旅游接待总人数	通过与规划中的目标进行对比分析，确定指标偏差，对于因不可抗力导致的偏差考虑不予扣分	2	1	0	-1	旅游接待总人数、旅游总收入、旅游人均消费、旅游平均停留人数、旅游直接就业人数、旅游总收入相当于地区GDP的比重等方面的统计数据
			旅游总收入		2	1	0	-1	
			旅游人均消费		2	1	0	-1	
			游客平均停留天数		2	1	0	-1	
			旅游直接就业人数		2	1	0	-1	
			旅游总收入相当于地区GDP的比重		2	1	0	-1	
	定量评价	辅助指标	旅游入境人数	通过与规划中的目标进行对比分析，确定指标偏差，对于因不可抗力导致的偏差考虑不予扣分	2	1	0	-1	旅游入境人数、旅游外汇收入、旅游招商引资、旅游营销投入、旅游景区建设、旅游接待设施建设等方面的数据统计
			旅游外汇收入		2	1	0	-1	
			旅游招商引资		2	1	0	-1	
			旅游营销投入		2	1	0	-1	
			旅游景区建设		2	1	0	-1	
			旅游接待设施建设		2	1	0	-1	
	定量评价	影响评价	区域发展战略影响	针对此条，各地可根据实际情况，因地制宜地制定地方评价标准	2	1	0	-1	区域的发展战略、经济、环境、社会、文化的影响统计数据及相关证明材料，公民认知度与共识度的调查数据
			经济影响		2	1	0	-1	
			环境影响		2	1	0	-1	
			社会影响		2	1	0	-1	
			文化影响		2	1	0	-1	
			公民认知度与共识度		2	1	0	-1	

A.6 第四大项表

评价项目	评价类型	评价指标	评分说明	细项分值				证明材料
规划的后评估 20分 -10分	专家评价	旅游产业定位和形象定位的科学性、准确性和客观性	重点评价规划中提出的产业定位、形象定位是否科学、准确，在规划实施中是否得到落实，落实过程中是否有调整等	2	1	0	-1	旅游产业发展、旅游形象方面的数据与报告材料
	专家评价	目标体系的科学性、前瞻性和可行性	分析目标实现情况，以及影响目标实现的主要因素	2	1	0	-1	旅游目标体系的实现情况统计与报告材料
	专家评价	旅游产业开发、项目策划的可行性和创新性	重点结合旅游重大项目、旅游产品体系的开发、建设情况，评价规划的合理性	2	1	0	-1	旅游重大项目、旅游产品体系的开发、建设情况资料

（续表）

评价项目	评价类型	评价指标	评分说明	细项分值				证明材料
规划的后评估 20分 -10分	地方政府及其他部门评价	旅游产业要素结构与空间布局的科学性、可行性	重点应对区域旅游发展所形成的产业要素结构、空间布局结构等与规划中提出目标进行对比分析	2	1	0	-1	区域旅游发展所形成的产业要素结构、空间布局结构的落实情况资料
	地方政府及其他部门评价	旅游服务体系、交通线路空间布局的科学合理性	重点应对区域旅游的信息、安全、公共设施、投诉等服务系统，以及旅游线路组织情况进行后评估	2	1	0	-1	旅游服务体系、交通线路空间布局的使用情况资料
	地方政府及其他部门评价	旅游开发项目投资的经济合理性	重点结合规划期限内旅游重大项目的投资、建设、运营、效益等情况进行分析、评价	2	1	0	-1	重大项目的投资、建设、运营、效益等材料
	专家评价	对环境影响评价的客观可靠性	重点跟进规划项目对环境的影响结果进行评价	2	1	0	-1	旅游规划项目对环境的影响材料
	专家评价	旅游发展战略和各项技术指标的合理性	结合规划实施过程中，旅游业发展的各阶段性特征，分析评价规划中旅游发展战略、旅游发展指标等内容，是否符合当地旅游业发展的实际情况	2	1	0	-1	旅游发展战略、旅游发展指标等与当地旅游业发展实际情况的对比分析材料
	地方政府及相关部门评价	旅游发展规划的系统性、衔接性	对规划中的各专项内容，以及与国民经济和社会发展规划、土地利用总体规划、城乡规划、环境保护规划和自然资源、文物等保护利用规划的相互衔接情况的评价	2	1	0	-1	规划中的各专项内容，以及与国民经济和社会发展规划、土地利用总体规划、城乡规划、环境保护规划和自然资源、文物等保护利用规划的文本资料与衔接说明
	专家评价	规划实施保障的有力性、操作性和充分性	重点对组织领导、体制机制创新、人才保障、资源保护、资金保障、政策措施等内容对旅游规划的实施与落地情况的影响程度进行分析和评价	2	1	0	-1	在组织领导、体制机制创新、人才保障、资源保护、资金保障、政策措施等内容的落实情况材料

附 录 B
（规范性附录）
旅游发展规划实施评估报告（大纲）

B.1 现行旅游发展规划简述

B.2 现行旅游发展规划的执行情况

B.3 对现行旅游发展规划实施的评估

B3.1 评估原则

B3.2 评估依据

B3.3 旅游发展规划实施具体情况评估

B.4 在执行旅游发展规划中存在的问题

B4.1 存在问题

B4.2 原因分析

B.5 相关建议

B.6 附录

B6.1 旅游发展规划综合评价表

B6.2 相关证明材料

附 录 C
（规范性附录）
旅游发展规划评估的程序

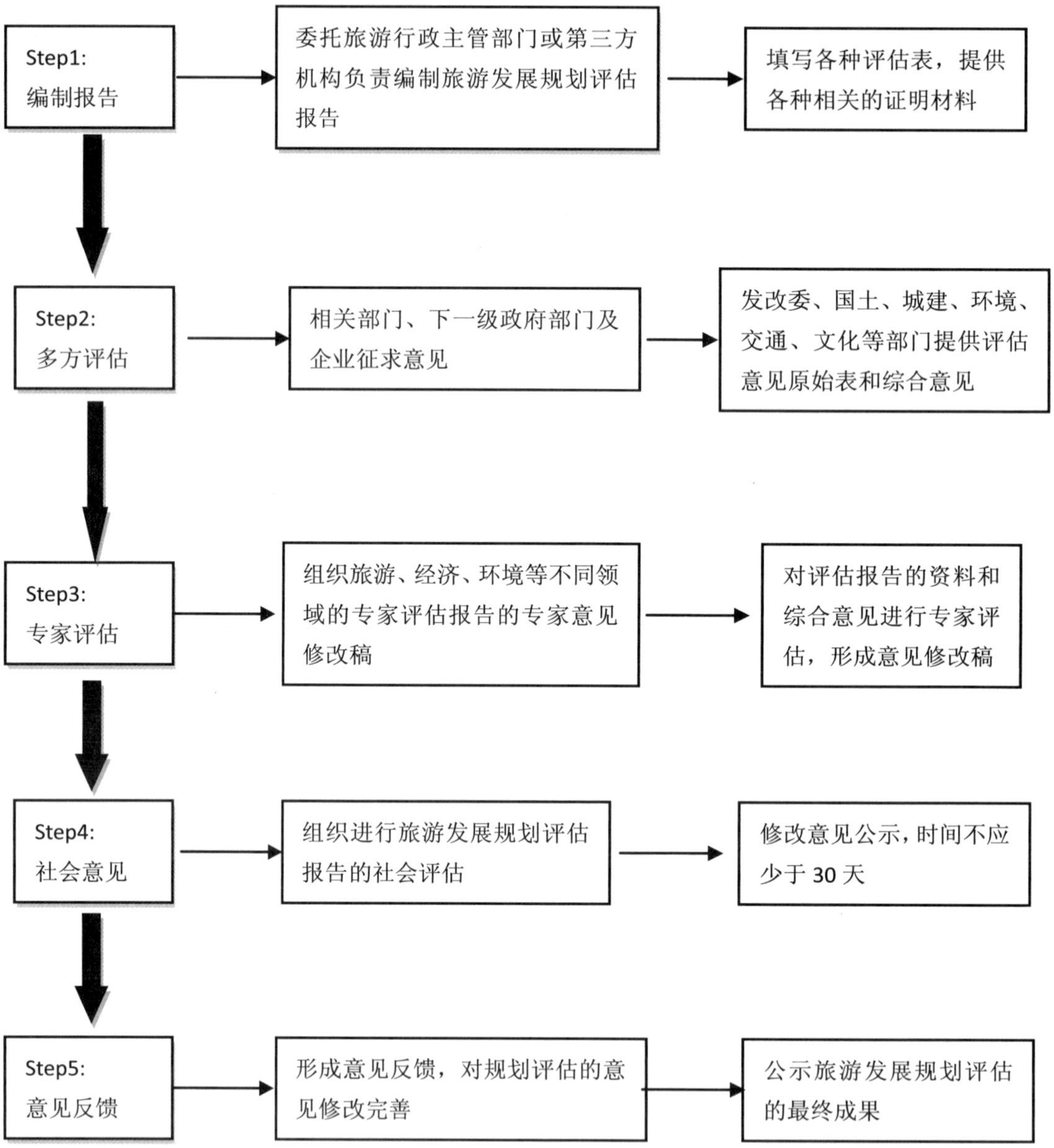

附 录 D
（规范性附录）
专家意见评估表

<table>
<tr><td>项目名称</td><td colspan="5"></td></tr>
<tr><td>专家名称</td><td></td><td>职称</td><td></td><td>专业</td><td></td></tr>
<tr><td>评估时间</td><td></td><td>评估地点</td><td></td><td>评估形式</td><td></td></tr>
<tr><td colspan="6">综合性的评估报告</td></tr>
<tr><td rowspan="19">旅游发展规划的评价表</td><td>评分项目</td><td colspan="4">评分值（请在分数处打 √）</td></tr>
<tr><td>规划内容实施情况</td><td>2</td><td>1</td><td>0</td><td>-1</td></tr>
<tr><td>旅游主题形象定位实施情况</td><td></td><td></td><td></td><td></td></tr>
<tr><td>旅游发展定位实施情况</td><td></td><td></td><td></td><td></td></tr>
<tr><td>旅游发展战略路径实施情况</td><td></td><td></td><td></td><td></td></tr>
<tr><td>旅游发展的空间布局与功能分区实施情况</td><td></td><td></td><td></td><td></td></tr>
<tr><td>旅游产品建设情况</td><td></td><td></td><td></td><td></td></tr>
<tr><td>旅游重点项目建设情况</td><td></td><td></td><td></td><td></td></tr>
<tr><td>旅游产业要素建设情况</td><td></td><td></td><td></td><td></td></tr>
<tr><td>旅游服务体系建设情况</td><td></td><td></td><td></td><td></td></tr>
<tr><td>旅游市场宣传与营销推广情况</td><td></td><td></td><td></td><td></td></tr>
<tr><td>旅游保障措施的实施情况</td><td></td><td></td><td></td><td></td></tr>
<tr><td>规划的后评估</td><td>2</td><td>1</td><td>0</td><td>-1</td></tr>
<tr><td>旅游产业定位和形象定位的科学性、准确性和客观性</td><td></td><td></td><td></td><td></td></tr>
<tr><td>目标体系的科学性、前瞻性和可行性</td><td></td><td></td><td></td><td></td></tr>
<tr><td>旅游产业开发、项目策划的可行性和创新性</td><td></td><td></td><td></td><td></td></tr>
<tr><td>对环境影响评价的客观可靠性</td><td></td><td></td><td></td><td></td></tr>
<tr><td>旅游发展战略和各项技术指标的合理性</td><td></td><td></td><td></td><td></td></tr>
<tr><td>规划实施保障的有力性、操作性和充分性</td><td></td><td></td><td></td><td></td></tr>
<tr><td colspan="6">备注：</td></tr>
<tr><td colspan="6">专家签字：

年 月 日</td></tr>
</table>

附 录 E
（规范性附录）
政府部门评估表

项目名称					
部门名称					
评估时间		评估地点		评估形式	
综合性的评估报告					
旅游发展规划的评价表	评分项目	评分值（请在分数处打√）			
	规划的后评估	2	1	0	-1
	旅游产业要素结构与空间布局的科学性、可行性				
	旅游服务体系、交通线路空间布局的科学合理性				
	旅游开发项目投资的经济合理性				
	旅游发展规划的系统性、衔接性				
备注：					
部门代表签字： 年 月 日					

附　录　F
（规范性附录）
公众意见汇总表格

F.1　社会公众认知度评价表

文件编号	公示日期自　　年　月　日至　　年　月　日（不少于15天）	
社会评估报告	重点内容主要包括：社会大众对旅游发展规划实施情况的认知度与共识度，存在的主要问题以及解决问题的建议等	
评估结果		
备注：		

F.2　社会意见评估表

	填写内容
评估报告	评估报告应对规划实施情况进行综合分析 总结规划实施的成效及存在的问题，并分析原因 提出进一步促进规划有效实施的建议措施或需要修改的范围和主要内容
个人简介	自愿填写
社会意见总结	
附件	应说明征求和采纳公众意见的情况等相关内容
备注	

ICS 03.200
A 12

LB

中华人民共和国旅游行业标准

LB/T 042—2015

国家温泉旅游名镇

The renowned national hot spring tourist town

2015-07-27 发布　　2015-11-01 实施

中华人民共和国国家旅游局　发布

前　言

本标准按照GB/T 1.1—2009给出的规则起草。

本标准由中华人民共和国国家旅游局提出。

本标准的附录A、附录B、附录C为规范性附录。

本标准由全国旅游标准化技术委员会（SAC/TC 210）归口。

本标准起草单位：国家旅游局监督管理司、中国旅游协会温泉旅游分会、重庆市旅游协会、重庆市旅游协会温泉旅游分会负责起草，重庆融汇温泉产业发展有限公司、重庆箱根温泉投资顾问有限公司、宜春市明月山温泉风景名胜区管理委员会、云南省旅游业协会SPA与温泉分会、广东温泉行业协会、福建省旅游协会温泉专业委员会、辽宁省冰雪温泉旅游协会。

本标准主要起草人：刘士军、张海燕、汪黎明、黄祖仕、张越、邝海、梁远超、马斌、王永毅、王捷、黄慧、王旗、姜涛、束立、罗光荣、宋交根、付溟、陈冠羽、陈燕奎、谭永成。

引　言

本标准的制定旨在规范国内温泉小镇建设，完善温泉小镇的综合配套服务功能，提高温泉小镇的接待服务质量和综合管理水平，促进新型城镇化建设，实现温泉小镇的资源保护、科学开发、合理利用和可持续发展。

国家温泉旅游名镇

1 范围

本标准规定了国家温泉旅游名镇评定的依据和条件。

本标准适用于中华人民共和国境内以温泉旅游产业为支柱性产业的城镇、乡镇和温泉旅游产业聚集区。

2 规范性引用文件

下列文件对于本文件的应用是必不可少的。凡是注明日期的引用文件，仅注明日期的版本适用于本文件。凡是不注明日期的引用文件，其最新版本（包括所有的修改单）适用于本文件。

GB 3095 环境空气质量标准
GB 3096 声环境质量标准
GB 3838 地表水环境质量标准
GB 5749 生活饮用水卫生标准
GB 8978 污水综合排放标准
GB 9663 旅店业卫生标准
GB 9664 文化娱乐场所卫生标准
GB 9667 游泳场所卫生标准
GB/T 10001 公共信息图形符号
GB/T 11615 地热资源地质勘查规范
GB/T 13727 天然矿泉水地质勘探规范
GB 16153 饭馆(餐厅)卫生标准
GB/T 18920 城市污水再生利用 城市杂用水水质
GB/T 18921 城市污水再生利用 景观环境用水水质
GB/T 18973—2003 旅游厕所质量等级的划分与评定
GB 19079.1—2013 体育场所开放条件与技术要求 第1部分：游泳场所
CJJ 184 餐厨垃圾处理技术规范
LB/T 012 城市旅游公共信息导向系统设置原则与要求
LB/T 016—2011 温泉企业服务质量等级划分与评定

3 术语和定义

下列术语和定义适用于本文件。

3.1

温泉小镇 hot spring town

拥有一定储量的温泉资源禀赋（包括天然自涌温泉和人工钻井取得的温泉），并对温泉资源加以合理有效的利用，发展以温泉旅游业为主体的相关产业且达到一定产业规模和产业集群度的地理空间和聚居地，如城镇、乡镇或温泉旅游产业聚集区。

3.2

国家温泉旅游名镇　renowned national hot spring tourist town

温泉资源丰富，泉质优良，产业发展水平、功能设施配套完整度、环境硬件品质、经营管理与服务水平、卫生、安全等在全国具有领先性，其他各项指标达到本标准相关规定的温泉小镇。

3.3

温泉旅游产业　hot spring tourism industry

以温泉资源的开发、利用和经营为核心的相关产业，它是前台接待设施、室内外温泉体验设施、住宿设施、餐饮设施、购物设施、观光旅游设施、文化娱乐设施、运动康体设施、医疗养生设施和医疗保健设施等与其相应服务的集合体。

3.4

温泉接待设施　hot spring facilities

以温泉服务为主要内容的经营单元，通常包括温泉接待中心、室内外温泉设施、温泉会所，以及与其配套的餐饮和住宿等设施构成的组合。

4　评定依据与方法

4.1　评定依据

以本标准的第5章、第6章为依据，包括基本条件和一般条件两类。基本条件是国家温泉旅游名镇的必备条件。

4.2　评定方法

国家温泉旅游名镇评定检查时，按附录A中基本条件逐项确认达标后，再进入后续评分程序。

评分首先按照附录B评分表进行评分，评分表总分为700分，然后对游客综合满意度按附录C进行评分，评价表总分为100分，两类评分达到一定得分要求的温泉旅游小镇即可评定为国家温泉旅游名镇。同时对国家温泉旅游名镇实行动态管理机制。

国家温泉旅游名镇评价表总得分700分，得分率应达到80%，即560分即可评定为国家温泉旅游名镇。游客意见综合得分最低不得低于80分。

5　基本条件

5.1　温泉应获得省级及以上国土部门或其授权机构鉴定报告认证。

5.2　温泉水温度应符合LB/T 016—2011中3.1和3.2规定的标准：温泉水温≥25℃，冷泉水温＜25℃；温泉水中所含矿物质至少有一项达到医疗矿泉水命名的标准；温泉的泉质分类及辅助疗效应符合GB/T 11615、GB/T 13727和LB/T 016—2011附录C医疗热矿水水质标准分类表表C.1和表C.2的要求；温泉水日允许开采量(含自涌温泉取水量)总计应达到2000t以上；温泉水实际使用量应不超过国土部门批准使用量。

5.3　温泉旅游产业集群度高。核心温泉产业聚集区（温泉设施及配套设施）占地规模应达到300亩以上；核心温泉产业聚集区周边2km范围内常住人口应达到1000人以上。

5.4 应至少有4家温泉接待设施，最低同时接待量应在2000人以上，应至少有1家最低同时接待量达到800人以上（按更衣柜计算）；小镇住宿接待设施至少有3家，总床位数达到800张以上。

5.5 通过国家星级评定符合LB/T 016—2011三星级及以上标准的温泉企业应不少于4家，其中至少有1家五星级温泉企业，星级温泉企业比例应达到40%以上。

5.6 温泉名镇接待设施应设有温泉水质卫生检测实验室或机构，建立统一温泉水质卫生监控机制；至少有1家具备专业资质的医疗机构。

5.7 温泉名镇接待设施应配有温泉街、温泉小广场、公益温泉设施等文化、商业、休闲设施，以满足游客四季和夜间休闲度假需求。

5.8 温泉名镇年游客接待数量应不低于50万人次，年游客规模按温泉门票统计口径计算应达到40万人次，年过夜人次应达到15万人天。

5.9 应有承担旅游市场管理职责的统一有效的管理机构或自治组织。

5.10 应有正式批准的城乡总体规划或旅游总体规划、控制性详细规划、修建性详细规划。所有旅游开发建设项目应符合规划要求,并得以有效实施；人工设施与环境协调，应具文化特色。

5.11 环境质量应达到相应国家标准，其中空气质量应达到GB 3095三级标准要求，噪声质量应达到GB 3096 2类标准要求；地表水质量应符合GB 3838 Ⅲ类标准要求；无重大自然灾害威胁；各种设施的卫生与安全应符合相应的国家标准。

5.12 小镇近两年内发生过游客非正常死亡或重残的旅游安全事故，且小镇管理机构或其辖区企业负有主要责任的（按事故责任书认定）不得参评。

6 一般条件

6.1 自然资源与环境保护

6.1.1 温泉资源

6.1.1.1 温泉水量丰富；温泉水温度符合标准。

6.1.1.2 温泉类型丰富、具有珍稀性。

6.1.1.3 温泉资源得到有效保护和开发。对天然自溢温泉进行有效保护，并具有明确的保护范围和保护措施，以确保其永续利用。

6.1.1.4 开展温泉水综合利用和梯级利用。

6.1.2 其他自然旅游资源

具有丰富多样的自然风光。如海洋、湖泊、江河、湿地、瀑布、森林、草原、山地等；拥有世界级自然遗产、世界地质公园、国家地质公园，国家级或省级自然保护区、国家级森林公园、风景名胜区等。

6.1.3 环境保护

6.1.3.1 应有完善的环境保护、监测机制及制度。

6.1.3.2 各项设施设备应符合国家关于环境保护的要求，采取有效措施降低环境污染或其他公害，对旅游资源和氛围无损害。

6.1.3.3 积极预防自然和人为破坏，有效保护自然景观。

6.1.3.4 环境质量应达到相应国家标准。其中空气质量应达到GB 3095三级标准要求，噪声质量应达到GB 3096 2类标准要求；地表水质量应符合GB 3838 Ⅲ类标准要求；无重大自然灾害威胁。

6.2 历史人文资源及保护

6.2.1 温泉历史悠久，有温泉历史遗迹和文物；宜有温泉文化节庆活动，形成独特的文化形象，且拥有一定的区域影响力。

6.2.2 宜建有集中展示地域文化和当地温泉文化的场所；地方文化得到科学、妥善的保护，同时得以传承和发展。

6.2.3 传统风貌区、历史街区应得到有效保护；新建建筑对地方传统建筑风格宜有传承和发展。

6.2.4 名镇或周边10km距离内宜有世界文化遗产、国家级、省级非物质文化遗产；国家级或省级文物保护单位；国家级或省级历史文化名镇（传统风貌街区）；名镇内宜有宗教寺庙、书院、中华老字号等。

6.2.5 在政府财政资金及旅游经济收入中,应有一定比例用于历史文化资源的保护。

6.3 规划与建设

应有正式批准的城乡总体规划或旅游总体规划、控制性详细规划、修建性详细规划，规划应突出温泉旅游特色，应有明确空间边界和管理界限的申报范围。申报范围内宜有3A级及以上旅游景区或国家级、省级旅游度假区。所有旅游开发建设项目应符合规划要求，规划并得以有效实施，人工设施与环境协调，具有地域文化特色。

6.4 基础设施

6.4.1 区位

6.4.1.1 邻近大城市或城市群；或与4A级及以上旅游景区及旅游度假区具有良好连通性。

6.4.1.2 区外交通：具有便捷的交通条件和良好的通达性，交通方式宜多样化。

6.4.2 区内交通

6.4.2.1 道路交通组织安全、合理，交通通畅便捷。宜提供便利的公共交通，或具有旅游专线。

6.4.2.2 主干道路面硬化率达到较高水平，交通标志、路灯、停车场、船舶码头等交通设施完备、布局合理，与景观环境相协调。

6.4.2.3 温泉区停车场宜采用生态停车场设计，其容量满足游客接待需求；管理完善，秩序良好。

6.4.2.4 使用清洁能源的交通工具，或具有特色的交通工具。

6.4.3 给排水

供水设施运行良好，水质、水量符合标准，满足生产、生活、旅游服务需求。应实行雨污分流，或科学有效的雨污水排放方式；排水与污水处理设施完备。宜进行中水处理，处理后水质应符合GB/T 18920和GB/T 18921的要求。

6.4.4 能源

6.4.4.1 供电能满足生产、生活、旅游服务需求。重要设施宜采用双回路供电，保证供电不间断。

6.4.4.2 供热、燃气设施可采用多种能源并举，宜使用太阳能、生物能、地热能、风能等清洁能源和再生能源。

6.4.5 通信邮电

6.4.5.1 宜提供邮政或邮政代办、邮政纪念服务。

6.4.5.2 应提供方便畅通的通信服务。

6.4.5.3 应提供快速通畅的Wi-Fi服务，宜覆盖名镇的温泉接待设施。

6.5 温泉旅游配套服务

6.5.1 温泉设施及产品体系

6.5.1.1 应配有一定数量的富有特色的星级温泉。
6.5.1.2 大力发展具有专业资质的温泉康疗机构，并宜配备疗养、康体、保健、美容等专业人员。
6.5.1.3 应配有一定数量的公益温泉设施，宜向当地居民提供特别优惠。
6.5.1.4 温泉产品体系丰富，满足小镇淡旺季、平日周末及白天夜晚平衡经营的实际需要。
6.5.1.5 宜构建多层次多类型的完整产品体系，形成温泉养生、温泉度假、温泉休闲和温泉旅游观光等丰富业态。

6.5.2 游客中心

6.5.2.1 应设置至少1处专用或兼用的游客中心，各温泉应设立接待咨询点。
6.5.2.2 游客中心位置合理，规模适度，设施设备功能齐备；应配有专职服务人员，其业务熟练，服务热情；应提供普通话服务，支持英语或1种常用外语，宜提供多国语言支持。
6.5.2.3 游客中心应为游客提供与温泉旅游度假相关的接待咨询、预约预订、展示、医疗等综合性服务职能，并应满足相关规范要求。接待咨询点应开通旅游咨询热线电话，满足游客的旅游相关信息服务要求。

6.5.3 住宿

6.5.3.1 应配有一定数量的富有特色的住宿接待设施，满足不同市场的需求。
6.5.3.2 宜按照绿色旅游饭店标准建设住宿接待设施。

6.5.4 餐饮

6.5.4.1 餐饮设施布局合理、种类丰富，餐饮档次设置应满足不同消费需求。
6.5.4.2 应提供富有地方特色和民族特色风味的菜肴，菜系种类丰富，品质高,宜提供多种国内外主要菜系。
6.5.4.3 宜提供具有温泉特色的餐饮菜品。

6.5.5 购物

6.5.5.1 购物场所应布局合理，建筑与环境协调，购物环境舒适。
6.5.5.2 购物场所应配置合理，商品种类丰富，管理规范。
6.5.5.3 应有地方特色的系列旅游商品。
6.5.5.4 温泉特色旅游商品应丰富，宜形成系列化和品牌化的温泉旅游商品体系。

6.5.6 文化娱乐

6.5.6.1 文化娱乐活动宜丰富多彩。
6.5.6.2 文化娱乐场所、文化休闲娱乐设施类型应丰富，环境舒适。

6.5.7 运动健身

运动健身设施类型丰富，并应配备必要的专业辅导人员。

6.5.8 温泉产业链

6.5.8.1 温泉文化研究、开发、交流和推广活动丰富，宜有温泉文化、地方历史和民俗风情文化的演艺产品。

6.5.8.2 宜开展温泉科学技术研发，具有高科技附加值的温泉产品。
6.5.8.3 宜建有利用温泉的养老机构和场所。

6.5.9 标识系统

6.5.9.1 应具有完善的标识引导系统，标识位置合理，内容清晰，造型宜富有地方特色并与周围环境相协调。各类导向系统设置应符合LB/T 012的规定。
6.5.9.2 公共信息图形符号应符合GB/T 10001的要求。

6.5.10 游客公共休息设施

应布局合理，设计有特色，数量满足需要。

6.5.11 特殊人群服务

应为老年人、儿童、孕妇、残障人士等特殊人群提供相应的设施及服务。

6.5.12 管理与服务

6.5.12.1 应有完备的规章制度、操作流程和服务规范。
6.5.12.2 服务人员应训练有素、热情周到，着装和服务方式富有特色。
6.5.12.3 宜具有国内外与温泉旅游相关的知名品牌。

6.5.13 重视人才培养

应建有服务于温泉旅游产业的人力资源开发、培训机制和体系。

6.6 综合管理

6.6.1 政府引导

各级政府应有促进温泉旅游发展的政策措施，相关职能部门积极推进温泉旅游项目建设和产业发展。名镇所在地政府财政资金中,应有一定比例用于温泉资源的保护和产业的发展。

6.6.2 机构制度

机构健全，职责分明，制度完善，贯彻得力。

6.6.3 游客权益保护

6.6.3.1 应建立游客投诉机制，设立投诉办公室，在游客中心设置投诉意见箱，公布小镇统一投诉电话号码，且保持24小时畅通，应及时处理游客投诉。
6.6.3.2 应建立健全投诉档案记录和复查制度。
6.6.3.3 应持续改进，开展定期抽样调查。

6.6.4 市场营销与宣传

6.6.4.1 名镇应有独立域名的旅游网站和信息平台，应提供全面的信息和预订服务和网上支付服务；应充分利用网站和信息平台积极开展宣传营销；游客中心与各温泉旅游接待点之间应具有统一的服务信息网络平台。
6.6.4.2 公众信息资料应有特色，品种全，内容丰富，文字流畅，制作精美，适时更新，并宜提供免费的资料。印刷品用公共信息图形符号应符合GB/T 10001的要求。

6.6.4.3 积极参加国内外有影响力的旅游宣传营销活动；积极举办行业论坛、节庆等交流活动，并有学术成果。

6.6.5 旅游安全

6.6.5.1 认真执行国家相关安全法律法规，安全管理机构及制度应健全有效。
6.6.5.2 游客承载量和动态数量应及时公布。
6.6.5.3 安全警告标志标识和温泉安全泡浴提示应齐全、醒目、规范。
6.6.5.4 应有突发事件处置的应急预案，有具体有效的实施计划，并定期演练。
6.6.5.5 应建有紧急救援机制，有定期培训、演练，日常防范工作具体、详细、到位；应有消除蛇、马蜂及其他有害昆虫的措施。

6.6.6 卫生

6.6.6.1 温泉卫生

6.6.6.1.1 温泉水质卫生标准应符合GB 9667和LB/T 016—2011的要求。
6.6.6.1.2 名镇应设立水质卫生检测实验室或机构，配有经培训合格的化验员，定期对各温泉企业进行水质卫生检测。

6.6.6.2 餐饮卫生

餐饮场所、设施卫生应符合GB 16153的要求。

6.6.6.3 住宿卫生

住宿接待设施卫生应符合GB 9663的要求。

6.6.6.4 环境卫生

环境整洁有序，无污水、污物，无乱堆、乱放现象。

6.6.6.5 垃圾管理

进行分类收集，及时清运并统一处理。餐厨垃圾应符合CJJ 184的要求。

6.6.6.6 旅游厕所卫生

应符合GB/T 18973—2003规定的三星级厕所及以上要求。

6.6.6.7 其他各种设施卫生

应符合GB 9663、GB 9664以及LB/T 016—2011的要求。

6.7 温泉旅游与社会发展

6.7.1 产业经济指标

6.7.1.1 温泉名镇年游客接待数量应不低于50万人次。
6.7.1.2 温泉名镇温泉年游客接待数量（按温泉门票统计口径计算）应不低于40万人次。

6.7.1.3　温泉名镇年过夜人次应不低于15万人天。

6.7.2　市场影响力

6.7.2.1　应具有竞争力强且特色鲜明的品牌形象，包括有影响力的品牌、独特的产品形象、良好的质量形象和文明的员工形象等。

6.7.2.2　应具有较强的市场辐射力、较高的市场影响力。

6.7.2.3　应具有较高的游客综合满意度（游客综合满意度评价见附录C）。

6.7.3　温泉与人居环境

6.7.3.1　精神文明

名镇从业者应爱国敬业、遵纪守法、文明和谐、诚信友善。

6.7.3.2　社区发展

6.7.3.2.1　温泉旅游发展宜为名镇居民提供适当的公共服务与公共产品。

6.7.3.2.2　温泉旅游发展应为名镇及所在区县居民提供就业机会。

6.7.3.2.3　名镇管理机构应与社区居民沟通顺畅，听取社区群众意见，定期宣传资源保护、规划建设、开发经营等情况，共建和谐社区。

附　录　A
（规范性附录）
基本条件

表A给出了国家温泉旅游名镇的基本条件。

表A　基本条件

序号	指标项	要求	是否达标
1	资源条件		
1.1		温泉资源应获得省级及以上国土部门或其授权机构鉴定报告认证	
1.2		温泉水温度应符合LB/T 016—2011中3.1和3.2规定的标准：温泉水温≥25℃冷泉水温＜25℃	
1.3		温泉水中所含矿物质至少有一个达到医疗矿泉水命名的标准	
1.4		温泉的泉质分类及辅助疗效应符合GB/T 11615、GB/T 13727和LB/T 016—2011附录C医疗热矿水水质标准分类表表C.1和表C.2的要求	
1.5		温泉水日允许开采量(含自涌温泉取水量)总计应达到2000t以上	
1.6		温泉水实际使用量不超过国土部门批准使用量	
2	面积与人口		
2.1		核心温泉产业聚集区（温泉设施及配套设施）占地规模应达到300亩以上	
2.2		核心温泉产业聚集区周边2km范围内常住人口应达到1000人以上	
3	接待设施与能力		
3.1	接待设施	至少有1家具备专业资质的医疗机构；应配有温泉街、温泉小广场、公益温泉设施等文化、商业、休闲设施，以满足游客四季和夜间休闲度假需求	
3.2	接待能力	应至少有4家温泉接待设施，最低同时接待量应在2000人以上，应至少有1家最低同时接待量达到800人以上（按更衣柜计算）；小镇住宿接待设施至少有3家，总床位数达到800张以上	
4	星级要求	通过国家星评符合LB/T 016—2011三星级及以上标准的温泉企业应不少于4家，其中至少有1家五星级温泉企业，星级温泉企业比例应达到40%以上	
5	年接待人数次	温泉名镇年游客接待数量应不低于50万人次，年游客规模按温泉门票统计口径计算应达到40万人次，年过夜人次应达到15万人天	
6	管理机构	应有承担旅游市场管理职责的统一有效的管理机构或自治组织	
7	规划建设	应有正式批准的城乡总体规划或旅游总体规划、修建性详细规划，并得以有效实施，人工设施与环境协调，具有文化特色	
8	环境质量	环境质量应达到相应国家标准，其中空气质量应达到GB 3095三级标准要求，噪声质量应达到GB 3096 2类标准要求；地表水质量应符合GB 3838 Ⅲ类标准要求；无重大自然灾害威胁	
9	卫生与安全	各种设施的卫生与安全应符合相应的国家标准。应设有温泉水质卫生检测实验室或机构，建立统一温泉水质卫生监控机制；小镇近两年内发生过游客非正常死亡或重残的旅游安全事故，且小镇管理机构或其辖区企业负有主要责任的（按事故责任书认定）不得参评	

附 录 B
（规范性附录）
评分表

表B给出了国家温泉旅游名镇的基本条件。

表B 评分表

序号	评定项目	评定内容及说明	各大项总分	各分项总分	各次分项总分	各小项总分	各小分项总分	计分	计分栏
1	自然资源环境保护	评分项目	97						
1.1	温泉资源			54					
1.1.1	温泉				20				
1.1.1.1	温泉水量	15000t/d以上				12			
		8000t/d～15000t/d				9			
		5000t/d～8000t/d				6			
		2000t/d～5000t/d				3			
1.1.1.2	温泉水温	按所有泉眼加权平均进行评分(不含冷泉)，25～37℃得2分；38～50℃得4分；51～70℃得6分；＞70℃得8分				8			
1.1.2	温泉类型				12				
1.1.2.1	类型丰富	每有一种温泉类型得2分，最多不超过6分				6			
1.1.2.2	珍稀性	温泉中含有一种或者一种以上具有医疗价值的珍稀矿物质				6			
1.1.3	天然自溢温泉保护	对天然自溢温泉进行有效保护，并具有明确的保护范围和保护措施，以确保其永续利用			6				
1.1.4	综合和梯级利用	如采暖、热回收、景观绿化、种植、养殖等，每有一项得3分，最高不超过16分			16				
1.2	其他自然旅游资源			12					
1.2.1		世界级每项得4分；国家级每项得3分；省级每项得2分，最多不超过6分			6				
1.2.2	海洋、湖泊、江河、湿地、瀑布、森林、草原、山地等	每项得2分，最多不超过6分			6				

续表

序号	评定项目	评定内容及说明	各大项总分	各分项总分	各次分项总分	各小项总分	各小分项总分	计分	计分栏
1.3	环境保护			31					
1.3.1	机制和制度	应有完善的环境保护、监测机制及制度			2				
1.3.2	设施设备	应符合国家关于环境保护的要求，采取有效措施降低环境污染或其他公害，对旅游资源和氛围无损害			2				
1.3.3	保护效果	积极预防自然和人为破坏，有效保护自然景观			2				
1.3.4	环境质量达标				25				
1.3.4.1	空气质量	以当地环保部门提供的鉴定报告为准				10			
		达到GB 3095一级标准					10		
		达到GB 3095二级标准					5		
		达到GB 3095三级标准					2		
1.3.4.2	噪声质量	以当地环保部门提供的鉴定报告为准				5			
		达到GB 3096 1类标准					5		
		达到GB 3096 2类标准					3		
1.3.4.3	地表水质量	以当地环保部门提供的鉴定报告为准				5			
		达到GB 3838的Ⅱ类标准					5		
		达到GB 3838的Ⅲ类标准					3		
1.3.4.4	自然灾害威胁	无重大自然灾害威胁				5			
2	历史人文资源及保护		60						
2.1	温泉历史文化及保护			24					
2.1.1	历史文化	温泉历史悠久，有温泉历史遗迹和文物等			10				
2.1.2	文化活动	有温泉文化节庆活动，形成独特的文化形象，且拥有一定的区域影响力			10				
2.1.3	博物馆	专题历史博物馆得4分，陈列馆得2分			4				
2.2	地方文化	地方文化得到科学、妥善的保护，同时得以传承和发展		5					
2.3	传统风貌	传统风貌区、历史街区应得到有效保护；新建建筑对地方传统建筑风格宜有传承和发展		5					

续表

序号	评定项目	评定内容及说明	各大项总分	各分项总分	各次分项总分	各小项总分	各小分项总分	计分	计分栏
2.4	文化遗产	名镇或周边10公里距离内宜有世界文化遗产，国家级、省级非物质文化遗产；国家级或省级文物保护单位；国家级或省级历史文化名镇（传统风貌街区）；名镇内宜内有宗教寺庙、书院、中华老字号等。世界级文化遗产每项得10分；国家级类每一项得4分，省级类每一项得2分，市区级每一项得1分，最高不超过20分		20					
2.5	保护资金	在政府财政资金及旅游经济收入中，宜有一定比例用于历史文化资源的保护（要求提供相应财务支出证明）		6					
3	规划与建设		35						
3.1	规划	应有正式批准的城乡总体规划或旅游总体规划、控制性详细规划、修建性详细规划		10					
		规划合理，温泉旅游特色突出			6				
		有明确空间边界和管理界限的申报范围			4				
3.2	建设			25					
3.2.1	小镇建设				10				
3.2.2	小镇A级景区				5				
3.2.2.1	AAAAA级					5			
3.2.2.2	AAAA级					3			
3.2.2.3	AAA级					2			
3.2.3	旅游度假区				5				
3.2.3.1	国家级					5			
3.2.3.2	省级					3			
3.2.4	小镇绿化覆盖率	达到50%得5分，40%～49%得3分，30%～39%得2分			5				
4	基础设施		65						
4.1	区位			18					
4.1.1	区位优势				10				

续表

序号	评定项目	评定内容及说明	各大项总分	各分项总分	各次分项总分	各小项总分	各小分项总分	计分	计分栏
4.1.1.1		邻近大城市或城市群				5			
		位于大城市内					5		
		邻近大城市或城市群（100公里以内）					3		
		邻近大城市或城市群（150公里以内）					1		
4.1.1.2		与4A级及以上旅游景区及旅游度假区具有良好连通性				5			
		10公里以内					5		
		30公里以内					3		
		60公里以内					1		
4.1.2	区外交通	具有便捷的交通条件和良好的通达性，交通方式宜多样化			8				
4.1.2.1		直达机场距离				2			
		50公里以内					2		
		100公里以内					1		
4.1.2.2		高速公路进、出口距离				2			
		10公里以内					2		
		30公里以内					1		
4.1.2.3		客运火车站距离				2			
		10公里以内					2		
		30公里以内					1		
4.1.2.4		客用航运码头距景区距离				2			
		10公里以内					2		
		30公里以内					1		
4.2	区内交通			19					
4.2.1	旅游交通	道路交通组织安全，交通通畅便捷。宜提供便利的公共交通，或具有旅游专线			5				
	有市（镇）内公共交通线抵达	包括从市（镇）内出发的一条或多条公交线				5			
	无市（镇）内公交汽车，但有长途汽车抵达	需设有汽车站点				3			

续表

序号	评定项目	评定内容及说明	各大项总分	各分项总分	各次分项总分	各小项总分	各小分项总分	计分	计分栏
	有直达旅游专线	包括旅游专线汽车，或旅游船舶航线，或城市（镇）周边旅游专列，但均需定时定点				1			
4.2.2	交通设施				10				
4.2.2.1	地面硬化	小镇主次干道路面硬化率达到80%及以上				1			
4.2.2.2	设施完备	交通标志、路灯、停车场、船舶码头等交通设施完备				2			
4.2.2.3	布局	布局合理，与景观环境相协调				2			
4.2.3	停车场	温泉区停车场宜采用生态停车场设计，其容量满足游客接待需求；管理完善，秩序良好				5			
4.2.4	绿色、特色交通工具				4				
	清洁能源交通工具					2			
	特色交通工具	如马车、轿子、人力车等				2			
4.3	给排水			7					
4.3.1	生活饮用水	达到GB 5749的规定			1				
4.3.2	污水处理设施	应实行雨污分流，或科学有效的雨污水排放方式；排水与污水处理设施完备			2				
4.3.3	污水排放	应符合GB 8978的要求			2				
4.3.4	中水处理	名镇内主要接待设施每有一项中水处理得1分，最高不超过2分；处理后水质应符合GB/T 18920和GB/T 18921的要求			2				
4.4	能源			9					
4.4.1	供电保障	供电能满足生产、生活、旅游服务需求。重要设施宜采用双回路供电，保证供电不间断，少一项扣1分			3				
4.4.2	新能源运用	宜使用太阳能、生物能、地热、风能等清洁能源和再生能源等。每项加2分，最多6分			6				

续表

序号	评定项目	评定内容及说明	各大项总分	各分项总分	各次分项总分	各小项总分	各小分项总分	计分	计分栏
4.5	通信邮电			12					
4.5.1	邮政服务	提供信函等基本邮政业务，且服务便捷			3				
	邮政代办服务	代办信函等基本邮政业务，且服务便捷				1			
	纪念服务	提供纪念戳、本地纪念封、明信片、纪念邮票等，每种0.5分，最多2分				2			
4.5.2	电讯服务	提供方便畅通的通信服务			4				
4.5.2.1	公用电话设置					2			
	数量充足，设置合理						2		
	数量基本满足需要，设置基本合理						1		
4.5.2.2	能接收移动电话信号					2			
	全部地方能接收						2		
	部分地方能接收						1		
4.5.3	Wi-Fi覆盖温泉区域	网络快速通畅			5				
		名镇核心区域全部覆盖，网络快速通畅得5分				5			
		部分区域覆盖或网络不畅得3分				3			
5	温泉旅游配套服务		222						
5.1	温泉设施及产品体系			75					
5.1.1	星级温泉	在满足必备条件的基础上，每增加1家一星级加1分，二星级加2分，三星级加3分，四星级加5分，五星级加7分，最高不超过20分			20				

续表

序号	评定项目	评定内容及说明	各大项总分	各分项总分	各次分项总分	各小项总分	各小分项总分	计分	计分栏
5.1.2	温泉康疗服务	具有专业资质的温泉康疗机构（不依附于温泉中心的），每有1家得3分，有专门温泉疗程得5分，最高不超过20分；配有专业辅导人员，如具备国家职业技能资格的保健按摩师、芳香保健师、足部保健师、健康管理师；或有其他认证认可的温泉疗程指导师、温泉健康指导师等；每配1人得0.5分；最高不超过8分			28				
5.1.3	温泉公益设施	应配有一定数量的公益温泉设施，如公共汤池、足汤、饮汤、手汤等。有一处得2分，最高不超过6分；宜提供给当地居民特别优惠。最高不超过4分			10				
5.1.4	温泉产品体系丰富	满足小镇淡旺季、平日周末及白天夜晚平衡经营的实际需要（通过小镇三类平衡经营的收入和人数数据分析）；能有效带动三类平衡经营业绩提升的产品设置情况酌情打分，每类最高3分，总分不超过9分			9				
5.1.5	温泉产品体系	多层次多类型的完整产品体系，形成温泉养生、温泉度假、温泉休闲和温泉旅游观光等丰富业态			8				
		特色突出，产品体系完整				8			
		特色较好，产品体系良好				6			
		特色一般，产品体系一般				4			
5.2	游客中心			8					
5.2.1	设置	应设置至少一处专用或兼用的游客中心和若干接待咨询点，可与其他设施（如住宿接待设施和餐饮购物设施等）结合设置，游客中心与服务点之间应具有统一的服务信息网络平台			2				
5.2.2	游客中心	游客中心位置合理，规模适度，设施设备功能齐备，配有专职服务人员，其业务熟练，服务热情。应提供普通话服务，支持英语或一种常用外语，宜提供多国语言支持			3				

续表

序号	评定项目	评定内容及说明	各大项总分	各分项总分	各次分项总分	各小项总分	各小分项总分	计分	计分栏
5.2.3	服务职能	游客中心应为游客提供与温泉旅游度假相关的接待咨询、预约预订、展示、医疗等综合性服务职能，并应满足相关规范要求。接待咨询点应开通旅游咨询热线电话，满足游客旅游的相关信息服务要求			3				
5.3	住宿			15					
5.3.1	特色住宿设施	宜配有一定数量的富有特色的非星级住宿设施，如主题酒店、青年旅舍、民宿和特色农家乐等。有一家得0.5分（温泉旅馆得1分），最多不超过10分			10				
5.3.2	绿色旅游饭店	住宿设施中有一家被评为金叶级的绿色旅游饭店加2分，银叶级的绿色旅游饭店加1分，最多不超过5分			5				
5.4	餐饮			23					
5.4.1	餐饮设施种类	有种类丰富的餐饮设施，如中餐、西餐、休闲餐饮和酒吧、茶室及其他吧室等（总分9分，分为：丰富得9分、比较丰富得7分和一般得5分）			9				
5.4.2	餐饮特色	应提供富有地方特色和民族特色风味的菜肴，菜系种类丰富（总分8分，分为：特色得8分、比较有特色得6分和一般得4分）			8				
5.4.3	温泉特色餐饮	宜提供具有温泉特色的餐饮菜品。有一种得1分，最高不超过6分			6				
5.5	购物			18					
5.5.1		购物场所应布局合理，建筑与环境协调，购物环境舒适			3				
5.5.2		购物场所应配置合理，商品种类丰富，管理规范			3				
5.5.3		应有地方特色的系列旅游商品（不含温泉特色旅游商品）			4				
5.5.4		应有温泉特色旅游商品，如温泉食品、温泉饮品、温泉化妆品和温泉旅游纪念品等，并形成系列化和品牌化商品体系。有一项得1分，最高不超过5分，系列化和品牌化得3分，总共不超过8分			8				

续表

序号	评定项目	评定内容及说明	各大项总分	各分项总分	各次分项总分	各小项总分	各小分项总分	计分	计分栏
5.6	文化娱乐			10					
5.6.1	活动种类	文化娱乐活动宜丰富。按《室内休闲活动设施表》A.1和《户外休闲活动设施表》A.2所示文化娱乐类型，有一项得1分，最多不超过8分			8				
5.6.2	设施类型	文化娱乐场所、文化娱乐设施应类型丰富，环境舒适			2				
5.7	运动健身			8					
5.7.1		按《室内休闲活动设施表》A.1和《户外休闲活动设施表》A.2所示运动类型，有一项得1分，未配备必要的专业辅导人员扣0.5分，其中绿色健行步道系统和自行车专用道路系统，每项2分，总分最多不超过8分			8				
5.8	温泉产业链			20					
5.8.1	温泉文化				8				
	文化推广	定期开展温泉文化研究、开发、交流和推广活动。国内活动每项得1分，国际活动每项得2分；学术成果发表在国内行业专业杂志得2分，一般刊物得1分。总共不超过4分				4			
	演艺产品	具有温泉文化、地方历史和民俗风情文化的演艺产品，最高不超过4分				4			
5.8.2	温泉科技	开展温泉科学技术研发，具有高科技附加值的温泉产品			6				
5.8.3	温泉养老	利用温泉旅游产业的特性和优势，宜建有养老机构和场所。每有1家专业养老机构或产品得2分，如养老护理中心、养老公寓，总共不超过6分			6				
5.9	标识系统			15					
5.9.1		应具有完善的标识引导系统，标识位置合理，内容清晰，造型宜富有地方特色，并与周围环境相协调。各类导向系统设置应符合LB/T 012的要求。发现一处设置不合理扣1分			10				

续表

序号	评定项目	评定内容及说明	各大项总分	各分项总分	各次分项总分	各小项总分	各小分项总分	计分	计分栏
5.9.2		公共信息图形符号应符合 GB/T 10001的要求。发现一处错误，扣0.5分			5				
5.10	游客公共休息设施	布局合理，设计有特色，数量满足需要		2					
5.11	特殊人群服务	应为老年人、儿童、孕妇、残障人士等特殊人群提供相应的设施及服务，包括残疾人轮椅、盲道、无障碍设施等，老年人使用的拐杖，儿童使用的童车、玩具以及食品，提供其他相关服务		2					
5.12	管理与服务			18					
5.12.1	管理制度与规范	应有完备的规章制度、操作流程和服务规范			5				
5.12.2	服务要求	服务人员应训练有素、热情周到，着装和服务方式富有特色			5				
5.12.3	品牌引进	宜具有国内外与温泉旅游相关的产业知名品牌，引导温泉小镇向国际化发展每有1个国际知名温泉品牌得2分；每有1个国内知名温泉品牌得1分，其他相关的行业知名品牌每个1分，最高不超过8分			8				
5.13	人才与培养	应建立温泉旅游产业的人力资源开发、培训机制和体系。 从人才引进、培养、留住机制是否完善，酌情打分		8					
6	综合管理		169						
6.1	政府引导			20					
6.1.1		各级政府有促进发展的政策措施，相关职能部门积极推进项目的建设和温泉旅游产业的发展			10				
		省、自治区、直辖市级政府				5			
		地市级政府				3			
		县级政府				2			
6.1.2	专项保护基金	名镇所在地政府财政资金中，应有一定比例用于温泉资源的保护和产业的发展			10				
		省、自治区、直辖市级政府				5			
		地市级政府				3			
		县级政府				2			

续表

序号	评定项目	评定内容及说明	各大项总分	各分项总分	各次分项总分	各小项总分	各小分项总分	计分	计分栏
6.2	机构制度			8					
6.2.1	机构健全				2				
6.2.2	职责分明				2				
6.2.3	制度完善				2				
6.2.4	贯彻得力				2				
6.3	游客权益保护			9					
6.3.1	投诉记录	查询有关行政管理部门和温泉企业自身记录。近两年内发生重大质量投诉（涉及对旅游者人身侵犯和健康损害的旅游投诉，均视为重大质量投诉），此项不得分			3				
6.3.2	投诉处理制度健全	投诉处理。建立游客投诉机制，设立投诉办公室，在游客中心设置投诉意见箱，公布小镇统一投诉电话号码，且保持24小时畅通，及时处理游客投诉			3				
6.3.3	持续改进	定期进行游客抽样调查。一年不少于3次，征询意见有分析、有通报、有改进措施			3				
6.4	市场营销与宣传			28					
6.4.1	互联网				10				
		小镇应有独立域名的旅游网站和信息平台，提供全面的信息和预订服务以及网上支付服务				5			
		充分利用网站和信息平台积极开展宣传营销				2			
		游客中心与温泉旅游接待点之间应具有统一的服务信息网络平台				3			
6.4.2	宣传资料	公众信息资料有特色，品种全，内容丰富，文字流畅，制作精美，适时更新，并宜提供免费资料。印刷品用公共信息图形符号应符合GB/T 10001的要求，包括正式出版印刷的导游图、明信片、画册、音像制品、研究论著、科普读物等。其中，音像制品每种得2分；精美画册或研究专著等每种得1分，最高不超过5分			5				

续表

序号	评定项目	评定内容及说明	各大项总分	各分项总分	各次分项总分	各小项总分	各小分项总分	计分	计分栏
6.4.3	宣传促销				13				
		积极参加国内外有影响力的旅游宣传营销活动。一年内参加国际交流1次得3分，国家级2分，省级1分，最高不超过5分				5			
		积极举办行业论坛、节庆等交流活动，并有学术成果。每次活动具有国际影响力得3分，具有国内影响力得2分，具有省级影响力得1分。最高不超过8分				8			
6.5	旅游安全			54					
6.5.1	基本要求	认真执行国家相关安全法律法规，安全管理机构及制度健全有效			10				
		依照相关规定落实机构、人员及工作制度				6			
		在汤池及深水游泳区域配有与之相适应的专职或流动安全保护人员，救生人员配备符合GB 19079.1—2013要求				4			
6.5.2	游客承载量和动态数量应及时公布				5				
		在当地主流媒体及通往小镇主要通道及主要入口适当位置设置信息平台，公布游客承载量和动态数量				3			
		在省级主流媒体公布游客承载量和动态数量，有效引导外地游客分流				2			
6.5.3	安全警告标志标识和温泉安全泡浴提示	应齐全、醒目、规范。在堡坎、深水区域旁边等醒目位置设置齐全和有效警示标志。发现一处未设置或无效扣3分			12				
6.5.4	应急预案				10				
		制定有效实施的应急处置预案				3			
		每年度根据实际情况制订实施计划或有重点地防范安全隐患				3			
		定期演练应急处置预案，具备有效处置突发事件的能力				4			

续表

序号	评定项目	评定内容及说明	各大项总分	各分项总分	各次分项总分	各小项总分	各小分项总分	计分	计分栏
6.5.5	紧急救援机制				17				
		配有专兼职紧急救援分队或人员				5			
		各项联络及救援工作机制能有效发挥作用，向游客公布救援电话				5			
		定期培训、演练，日常防范工作具体、详细、到位				5			
		有消除蛇、马蜂及其他有害昆虫的措施				2			
6.6	卫生			50					
6.6.1	温泉卫生				10				
	水质卫生	温泉水质卫生标准应符合GB 9667和LB/T 016—2011的要求				6			
	水质卫生检测	应设立水质卫生检测实验室或机构，配有经培训合格的化验员，定期对各温泉企业进行水质卫生检测				4			
6.6.2	餐饮卫生				10				
	餐饮场所、设施卫生	应符合GB 16153—1996的标准				5			
	食品卫生	符合国家食品卫生法律规定，满足相关食品卫生标准				5			
6.6.3	住宿卫生	住宿接待设施卫生应符合GB 9663的标准				5				
6.6.4	环境卫生	环境整洁，无污水、污物，无乱堆、乱放现象。发现一处不合格，扣1分			5				
6.6.5	垃圾管理				6				
		对垃圾进行分类收集，及时清运并统一处理。垃圾处理场地或垃圾集中场地远离旅游景区，不乱堆放，不就地焚烧或掩埋				2			
		餐饮垃圾的产生者应对产生的餐饮垃圾进行单独存放和收集，餐饮垃圾的收运者应对餐饮垃圾实行单独收运，收运中不得混入有害垃圾与其他垃圾，应符合CJJ 184的要求				2			
		餐饮垃圾不得随意倾倒、堆放，不得排入雨水管道、污水排水管道、河道、公共厕所和生活垃圾收集设施中，应符合CJJ 184的要求				2			

续表

序号	评定项目	评定内容及说明	各大项总分	各分项总分	各次分项总分	各小项总分	各小分项总分	计分	计分栏
6.6.6	旅游厕所卫生	卫生应符合GB/T 18973—2003规定的三星级以上要求，发现一处不合格，扣1分			6				
6.6.7	其他接待设施卫生	标准应符合GB 9663和GB 9664以及LB /T 016—2011的要求；发现一处不合格，扣1分			8				
7	温泉旅游与社会发展		52						
7.1	产业经济指标			22					
7.1.1	接待游客规模				6				
		100万人次以上/年				6			
		70万～100万人次/年				4			
		50万～70万人次/年				2			
7.1．2	温泉游客接待规模				8				
		80万人次以上/年				8			
		60万～80万人次/年				5			
		40万～60万人次/年				3			
7.1.3	过夜人次				8				
		40万人天以上/年				8			
		25万～40万人天/年				5			
		15万～25万人天/年				3			
7.2	市场影响力			10					
7.2.1	品牌形象	具有竞争力强且特色鲜明的品牌形象。包括有影响力的品牌、独特的产品形象、良好的质量形象和文明的员工形象等			5				
7.2.2	市场辐射力	只选一项计分			5				
		1.有境外游客，且占一定比例达到10%				5			
		2.有境外游客，且占一定比例达到5%				3			
		3.省外游客占一定比例达到20%				3			
7.2.3	客户满意度	具有较高的游客综合满意度（另计分）							
7.3	温泉与人居环境			20					
7.3.1	精神文明	名镇从业者应爱国敬业、遵纪守法、文明和谐、诚信友善			5				

续表

序号	评定项目	评定内容及说明	各大项总分	各分项总分	各次分项总分	各小项总分	各小分项总分	计分	计分栏
7.3.2	社区发展				15				
7.3.2.1	公共产品及服务提供					5			
7.3.2.2	居民就业	带动小镇及所在区县居民就业				5			
		70%及以上为本地员工					5		
		40%～70%为本地员工					3		
		20%～40%为本地员工					2		
7.3.2.3	和谐社区	名镇管理机构与社区居民沟通顺畅，听取社区群众意见，定期宣传资源保护、规划建设、开发经营等情况，共建和谐社区				5			
			700						
注：本计分表可适用于自评计分、中评计分、终评计分									

附 录 C
（规范性附录）
国家温泉旅游名镇游客意见调查

C.1 国家温泉旅游名镇游客意见调查

C.1.1 温泉旅游名镇标准对游客意见的评分，以游客对该小镇的综合满意度为依据。

C.1.2 游客综合满意度的考察，主要参考《国家温泉旅游名镇游客意见调查表》（表C.1的得分情况）。

C.1.3 《国家温泉旅游名镇游客意见调查表》由小镇温泉管委会安排直接向游客发放、回收并统计。

C.1.4 《国家温泉旅游名镇游客意见调查表》发放规模，应不低于50份，采取即时发放、即时回收、最后汇总统计的方法。回收率应不低于80%。

C.1.5 《国家温泉旅游名镇游客意见调查表》的分发，应采取随机发放方式。原则上，发放对象不能少于三个旅游团体，并注意游客的性别、年龄、职业、消费水平等方面的均衡。

C.2 游客综合满意度计分

C.2.1 游客综合满意度总分

游客综合满意度总分为100分。

C.2.2 计分标准

C.2.2.1 总体印象满分为20分。其中很满意为20分，满意为14分，一般为10分，不满意为0分。

C.2.2.2 其他16项每项满分为5分，总计80分。各项中，很满意为5分，满意为3分，一般为2分，不满意为0分。

C.2.3 计分办法

先计算出《国家温泉旅游名镇游客意见调查表》各单项的算术平均值，再对这17个单项的算术平均值加总，作为本次游客意见评定的综合得分。如存在某一单项在所有调查表中均未填写的情况，则该项以其他各项（除总体印象项外）的平均值计入总分。《国家温泉旅游名镇游客意见调查表计分总表》见表C.2。

C.3 国家温泉旅游名镇游客意见综合得分要求

国家温泉旅游名镇游客意见综合得分最低要求为80分。

表C.1 国家温泉旅游名镇游客意见调查表

QUESTIONNAIRE

尊敬的游客：

您好！非常感谢您在旅游过程中填写“意见调查表”。您的宝贵意见将作为评定本温泉旅游名镇质量等级的重要参考依据。

谢谢您的配合支持，祝您旅游愉快。

中华人民共和国国家旅游局

Dear guest:

We would be very grateful if you would take a few minutes to complete this questionnaire. Your comments will be taken as reference for the tourism attraction's quality rating.

Thank you for your efforts, we hope you enjoy the tourism attraction.

China National Tourism Administration

调查项目 Items	很满意 Very satisfactory	满意 Satisfactory	一般 Fair	不满意 Unsatisfactory
外部交通 accessibility				
温泉资源的品质和特色 quality and characteristic				
温泉设施 facilities				
路标指示、温泉介绍牌 Signs for directions, introduction board				
宣传资料 information material				
环境舒适度（包括空气） environmental comfort				
建筑、景观环境 architectures and landscape				
服务质量 service quality				
安全与秩序 safety & public order				
环境卫生 environmental hygiene				
厕所 Toilet				
邮电服务 phone & post service				
商品购物 souvenir and shopping				
住宿条件 accommodation				
餐饮或食品 Food & beverage				
休闲方式（疗养、保健、健身） recreation facilities				
总体印象 overall impression				

姓名 Name　　　　国（省、市）名 Country

表C.2　国家温泉旅游名镇游客意见调查表计分总表

记分项目		自检分数	推荐单位计分	评定单位计分
总　　分				
各项得分数	总体印象			
	外部交通			
	温泉资源的品质和特色			
	温泉设施			
	路标指示、温泉介绍牌			
	宣传资料			
	环境舒适度			
	建筑、景观环境			
	服务质量			
	安全与秩序			
	环境卫生			
	厕所			
	邮电服务			
	商品购物			
	住宿条件			
	餐饮或食品			
	休闲方式（疗养、保健、健身）			

ICS 03.200
A 12

LB

中华人民共和国旅游行业标准

LB/T 043—2015

高尔夫管理服务规范

Specification of golf management service

2015-07-27 发布　　　　2015-11-01 实施

中华人民共和国国家旅游局　发布

前　言

本标准按照GB/T 1.1—2009《标准化工作导则 第1部分：标准的结构和编写》给出的规则起草。

本标准由国家旅游局提出。

本标准的附录为资料性附录。

本标准由全国旅游标准化技术委员会（SAC/TC 210）归口。

本标准起草单位：国家旅游局监督管理司、深圳观澜湖高尔夫球会有限公司。

本标准主要起草人：王大力、韩志山、秦烜、张海燕、汪黎明、张源。

高尔夫管理服务规范

1 范围

本标准规定了高尔夫球会（俱乐部）以高尔夫运动为形式展开的活动所应具备管理服务的总要求、服务内容、应急处理、投诉处理和服务质量改进等基本要求。

本标准适用于高尔夫球会（俱乐部）。

2 规范性引用文件

下列文件对于本文件的应用是必不可少的。凡是注明日期的引用文件，仅注明日期的版本适用于本文件。凡是不注明日期的引用文件，其最新版本（包括所有的修改单）适用于本文件。

GB 5768.2 道路交通标志和标线 第2部分：道路交通标志

GB/T 10001.1 标志用公共信息图形符号 第1部分：通用符号

GB/T 10001.2 标志用公共信息图形符号 第2部分：旅游休闲符号

GB/T 12956 卫生间配套设备

GB 13495 消防安全标志

GB/T 14308 旅游饭店星级的划分与评定

GB/T 16868 商品经营服务质量管理规范

GB/T 19001 质量管理体系 要求

GB/T 19012 质量管理 顾客满意 组织处理投诉指南

GB/T 24001 环境管理体系 要求及使用指南

GB/T 26361 旅游餐馆设施与服务等级划分

3 术语和定义

下列术语和定义适用于本文件。

3.1

高尔夫球场 golf course

提供高尔夫活动的区域，从规则的角度讲，包括发球区、球洞区通道、障碍区、球洞区四个部分。

3.2

高尔夫运动 golf

使用数支球杆，以尽量少的杆数，在标准为18洞的高尔夫球场上打球，在各洞以连续的击球方式将高尔夫球击入洞中的体育运动。

3.3

高尔夫球车 golf cart

高尔夫运动过程中，提供给球员替代步行、托运球包的交通工具。

3.4

球员 golfer

在高尔夫球场上进行高尔夫运动的人。

3.5

球童　caddie

按照高尔夫规则帮助球员，包括在运动过程中为其携带或管理球杆并维护高尔夫球场的人。

3.6

出发员　starter

安排球员下场打球前的出发工作，核查球员身份，确保出发安排有序顺畅的人。

3.7

巡场员　marshal

在高尔夫运动过程中，监督球员打球速度，提醒慢打及危险打球、协调打球过程中出现的各类问题、维持打球秩序，并维护高尔夫球场硬件设施完善的人。

3.8

高尔夫球会（俱乐部）　golf club

以经营高尔夫球场或活动，并集竞技、文化、休闲、娱乐和交流于一体的服务实体。

3.9

高尔夫会所　golf clubhouse

以高尔夫运动为基础而建立起来的，为球员提供休息、更衣、餐饮的场所，也是为满足高尔夫运动爱好者进行社交、娱乐、运动等需求的场所。

3.10

高尔夫团体赛事　golf tournament

一般指开放给12人以上球员以高尔夫运动为竞技项目，设置比赛奖励、遵守高尔夫赛事规则的活动。

4　总要求

4.1　高尔夫球会（俱乐部）的要求

4.1.1　应遵守国家法律、法规，持照、合法经营。

4.1.2　应具备提供以高尔夫活动为基础的各项服务的能力，如策划、组织和落实等。

4.1.3　应建立健全完善的管理制度、工作标准、服务流程及岗位责任制度，做到服务过程有条理并专业。质量管理可按照GB/T 19001的要求建立服务质量管理体系模式。

4.1.4　应建立完善高尔夫球场的各项环境保护制度并组织落实，保证高尔夫球场各类服务活动符合相关环保法规要求。环境管理可按照GB/T 24001的要求建立环境管理体系模式。

4.1.5　应定期开展安全检查，确保高尔夫球场、建筑物、附属设施坚固，可安全使用。

4.2　基础设施的要求

4.2.1　应至少拥有9洞（含）以上高尔夫球场及相应的出发区、练习场、高尔夫会所、更衣室、球包室、小卖亭、洗手间、休息/避雨亭等必要性附属设施。

4.2.2　宜配备客房、餐厅、专卖店等对客服务设施。

4.2.3　应配备过程设备及支持性服务（如运输、通信及信息系统等），应建立面向公众的网站或网页，提供公共信息服务，公共信息应包括高尔夫球场简介、场区功能分布、价格标准、近期赛事、预订流程和注意事项等内容。

4.2.4 应设置球员休息区，面积与座椅数量适当，并能够满足球员休息需求。

4.2.5 应配备与接待能力相适应的停车场，停车场可进入性良好，面积满足接待需要，车辆行驶路线布局合理，有残疾人专用车位，场地平整坚实，有专人负责管理、疏导，交通标志设置应符合GB 5768.2的要求。

4.2.6 高尔夫球场内部交通工具数量应满足球员需求。

4.2.7 应配置专线联络电话，并能够满足球员打球咨询、预订及其他服务的要求。

4.2.8 宜配备独立的网站，提供高尔夫球场与配套产品的详细信息以及网络预订服务。

4.2.9 洗手间宜符合GB/T 12956的要求。

4.2.10 应按照国家有关规定配置消防设施和器材、设置消防安全标志并符合GB 13495的要求。

4.2.11 公共信息图形符号的设置应符合GB/T 10001.1和GB/T 10001.2的要求。

4.2.12 应根据实际需求在高尔夫球场内设立数量相当的小卖亭，为球员提供中途临时休息及如厕服务。

4.2.13 应根据高尔夫球会（俱乐部）的规模配备相匹配的监控设施。

4.2.14 应配备高尔夫球场养护所需的各类器械、设备，并定期对高尔夫球场的草坪进行养护，以确保草坪质量达到球员打球及高尔夫团体赛事的基本要求。

4.2.15 场内应设置高尔夫球场全景图、球道简介、中英文指路标志牌、安全警示、打球须知、注意事项等引导信息标识。

4.3 从业人员的要求

4.3.1 人员基本要求

4.3.1.1 服务人员应遵守国家法律、法规，遵守职业道德，有良好的服务意识。

4.3.1.2 应知晓高尔夫礼仪/规则，并能严格遵守执行。

4.3.1.3 仪容仪表端庄大方、举止文明得体、精神饱满、服务主动热情。

4.3.1.4 普通话标准，用语文明、礼貌，语言表达清晰。

4.3.1.5 提供外语服务时，应表达清晰、准确。

4.3.1.6 对所有球员一视同仁；尊重球员的道德信仰与风俗习惯，并对球员信息严格保密，防止盗用。

4.3.1.7 应具有基本的服务技能，经过专业培训合格后方可上岗，能够针对高尔夫运动的特殊性提供专业化的服务。

4.3.1.8 球童应：

a） 熟悉所服务高尔夫球场的场地情况；

b） 具备维护高尔夫球场场地的意识；

c） 具备基本的安全意识，并知晓基本突发事件的处理方法；

d） 具有一定的专业知识，如高尔夫击球技巧、高尔夫常用规则、球童服务技巧、高尔夫礼仪等知识。

4.3.2 人员配备要求

4.3.2.1 服务人员数量应根据组织的规模进行合理配备。

4.3.2.2 球童的数量应能够满足高尔夫球场运作的需求。

4.3.2.3 宜根据组织的规模至少配备一名以上的具备高尔夫专业知识或高尔夫专业管理经验的从业人员。

5 服务内容及要求

5.1 预订服务

5.1.1 应掌握球员或高尔夫赛事的信息，准确为其提供高尔夫球场、赛事和价格等方面的咨询及预订服务。

5.1.2　对已受理的预订，应以口头或书面形式予以确认，并做好记录。

5.1.3　应定时对预订情况进行核对，及时处理变更或取消等。

5.1.4　受理预订申请应热情、礼貌，按程序办理。

5.1.5　宜提供配套打包服务（如安排交通、住宿、会议、餐饮、观光和度假等）。

5.1.6　宜提供代订飞机票、车船票等服务。

5.2　接待安排服务

5.2.1　应按照预订系统及当日预订信息确定球员人数，并在球员到来之前做好接待准备工作。

5.2.2　应按照工作规范，热情为球员办理登记手续。

5.2.3　应根据球员的需求，熟练准确地为球员提供球具的租借或指引球员购买服务。

5.2.4　应准确核对球员的存包号码/球包卡，提前为其预订，散客球包号码输入计算机系统，方便球童及时将球员球包放到指定地点。

5.2.5　提供组织相关信息及推广咨询服务。

5.2.6　为有需要的球员提供交通服务。

5.2.7　应根据球员的要求，及时为球员安排好高尔夫球车、球童等，并作相互介绍。

5.3　更衣室服务

5.3.1　应熟练掌握更衣程序及有关要求。

5.3.2　应及时记录球员姓名、到达时间及更衣柜号码。

5.3.3　球员离开时，应及时检查更衣柜，避免球员遗漏物品。

5.3.4　及时清理更衣室，保证更衣室及更衣柜干净、整齐、卫生。

5.3.5　及时补充更衣室内的客用品。

5.4　球童服务

5.4.1　球童应根据基本服务程序为球员提供打球服务。

5.4.2　球童服务过程中，应遵循：

a）出场前，确保各类打球用品、交通工具以及球员物品准备到位。

b）服务过程中，球童应将球员带到指定场地，介绍场地情况、指引打球方向、拿递球员球具、协助球员场地服务、关注并避免球员打危险球、提醒慢打，以及记录打球成绩等。

c）服务结束后，应与球员清点、报告并请球员确认球杆，引领球员清理衣服、鞋子、个人物品，结账，并请球员对球童服务进行评价。

5.4.3　球童服务应以球员满意为基本考量依据，以提供个性化、人性化和专业化的服务。

5.5　球包服务

5.5.1　应礼貌问候球员，并帮助球员装卸球包。

5.5.2　拿到球包后及时把球包标识卡交给球员，并提醒其妥善保管，以保证球包安全。

5.5.3　及时将球包运送至出发区域，以便球员安排出场。

5.5.4　回场后应再次确认球杆数量并整理干净后放到存包处。

5.5.5　当球员自带球包离开时，应要求球员出示球包标识卡，协助球员装包上车核对无误后方可放行。

5.5.6　必要时，可提供存包服务。

5.6　出发员服务

5.6.1　应了解高尔夫球场的运作环节，熟悉出发程序，与球童紧密配合，相互协调。

5.6.2　应按照时间先后顺序安排球员下高尔夫球场开球，严格遵守出发规定，礼貌待人。

5.6.3 应礼貌地劝阻不符合高尔夫着装的球员下场，并引导及协助球员穿着符合高尔夫礼仪的着装。

5.6.4 应仔细登记每组的出发信息，如高尔夫球车、球童、球包号码、消费卡号码、开球时间等。

5.6.5 应积极和前台接待保持联系，时刻关注球员下场前的动向，保证球员顺利下场。

5.6.6 应随时和巡场员保持联系，疏通高尔夫球场的阻塞，并控制非打球人员进入高尔夫球场，以保障高尔夫球场的正常运作。

5.7 巡场员服务

5.7.1 应随车配备急救药箱、对讲机、需用表格等。

5.7.2 应监督及保护高尔夫球场内各类设施的完整及正确摆放，确保高尔夫球场内球道清洁、保证顺畅运作，如确保洞位牌、发球台标志、路线指示牌、码数桩、水障碍桩等设施的干净整洁。

5.7.3 巡场过程中，应监督球童的场地服务。

5.7.4 巡查高尔夫球场时，应时刻留意球员的打球速度，如有慢打，即时催促和提醒，并阻止违反组织规则和制度的任何球员继续打球，有礼貌地说服球员遵守高尔夫球场的各项规定。

5.7.5 应熟知场地内突发事件的处理方法，并做好协调沟通，如高尔夫球车损坏、球员中暑、危险球等。

5.7.6 当遇到恶劣天气，如闪电、打雷等时，应做好安全督导与防护工作。

5.8 练习场服务

5.8.1 应热情为球员提供接待服务。

5.8.2 应确保练习场环境卫生整洁，并提前准备好干净的练习球。

5.8.3 应提醒球员在练球时注意安全。

5.8.4 球员打完球后，填写消费卡数目要准确，字迹要工整，并及时快速地为球员清理球杆及将球包送到指定地点。

5.9 小卖亭服务

5.9.1 应提供购买食品、打球所需物品等服务，货物应明码标价。

5.9.2 应保持小卖亭的干净整洁、货架上货品摆放整洁美观，并能及时补充货物。

5.10 高尔夫会所其他相关服务

5.10.1 在高尔夫会所或专门地点设立失物招领处，提供失物招领服务。

5.10.2 可提供现金及银行卡结算服务。

5.10.3 可提供自动存取款机、免费上网、无线Wi-Fi等服务。

5.11 其他服务要求

5.11.1 餐厅服务按照GB/T 26361的要求。

5.11.2 客房服务按照GB/T 14308的要求。

5.11.3 专卖店服务按照GB/T 16868的要求。

5.12 高尔夫团体赛事服务

5.12.1 应制定高尔夫团体赛事各个环节的规章制度及运作流程。

5.12.2 所有临时搭建的看台及广告宣传牌等建筑设施都应按照规章制度，并在组织的监督下建设，不得破坏高尔夫球场环境和景观特色，并能在赛后迅速恢复。

5.12.3 高尔夫球会（俱乐部）和赛事承办单位要采取有效措施保护高尔夫球场内的景观、植被、环境不受破坏和污染。

5.12.4　应保障赛事活动及相关的营销、娱乐等各项活动的设施、服务质量和安全要求符合相关规定。高尔夫球会（俱乐部）应落实安全措施，确保球员及公众的财产和人身安全。

5.12.5　进入高尔夫球场后，所有比赛过程中的服务及管理均按照高尔夫球会（俱乐部）的相关规定执行。

6　应急处理

6.1　应设有突发事件处理组织机构。

6.2　应有健全的突发事件应急处理制度，并编制应急预案。

6.3　应定期对常见的突发事件进行演练，如火灾、停电、台风、雷电暴雨等。

6.4　对于突发事件，应：

a）遵循冷静判断、紧急避险、迅速报告、真诚安抚的方针，并根据突发事件的危害度和紧急度采取相应措施；

b）当发生突发事件时，应以保护生命为第一原则，并根据现场情况、伤情，采取属地挽救、就近处置的措施，必要时，送往医院救治；

c）妥善安置及安抚当事人；

d）妥善保留证据，尽量获取书面证据；

e）涉及责任险或意外险的，应及时报险；

f）做好善后工作、总结并建档。

7　投诉处理

7.1　投诉机制

7.1.1　应设立投诉处理机构，建立健全投诉处理制度，专人负责跟进处理及反馈。

7.1.2　应保障投诉机制运行良好，及时妥善处理投诉，建立完整的投诉处理档案，保持不低于两年的备查期。

7.1.3　应在高尔夫会所、网站/网页、宣传资料上公布投诉和监督电话。

7.1.4　投诉处理可按照GB/T 19012的要求。

7.2　投诉处理程序

7.2.1　接到投诉后，应准确记录投诉人姓名、投诉事由，并进行登记。

7.2.2　通过双方协商解决纠纷，应在书面协议上签字。

7.2.3　双方未能协商解决的，应及时报请上级主管部门处理，避免发生争执。

7.2.4　接到相关部门转来的投诉，应在收到之日起3个工作日内反馈投诉的基本事实、证据和处理意见。

7.2.5　涉及法律问题的，应依照法定程序处理。

8　服务质量改进

8.1　应设立高尔夫服务质量管理机构，对外公布服务质量监督电话、设立意见簿，以发放《顾客意见调查表》（参见附录）、暗访等多种方式定期收集球员的意见。

8.2　应将收集到的球员反馈意见进行统计和分析，以了解顾客满意度及存在的问题。

8.3　应针对出现质量问题的原因采取有效措施，防止类似问题再次发生，达到高尔夫服务质量持续改进的要求。

附　录
（资料性附录）
顾客意见调查表

顾客意见调查表						
评价项目		满意度				
		非常满意	满意	基本满意	不满意	不适用
预定开球时间	准确、合理					
交通安排	性能良好					
	安全，准时					
打球登记	友善，高效，准确					
更衣室	清洁，卫生					
	设施用具					
球包服务	运送准确，高效					
球童登记区	友善，高效，准确					
球童	服务态度					
	专业知识					
球车	清洁，保养良好					
巡场员	准确、高效，专业知识					
球场状况	发球台					
	球道					
	果岭					
小卖亭	品种多样性，卫生					
	洗手间状况					
结账	友善，高效，准确					
其他服务	专业，高效，友善					
总体评价						
其他建议						

ICS 03.200
A 12

LB

中华人民共和国旅游行业标准

LB/T 044—2015

自驾游管理服务规范

Management and service specification for self-driving travel

2015-07-27 发布　　　　2015-11-01 实施

中华人民共和国国家旅游局　发布

前　言

本标准按照GB/T 1.1—2009 给出的规则起草。

本标准由全国旅游标准化技术委员会（SAT/TC 210）提出并归口。

本标准附录A为规范性附录。

本标准起草单位：国家旅游局监督管理司、北京联合大学旅游学院、北京第二外国语学院、福建省旅游协会自驾游专业委员会。

本标准主要起草人：孔令学、郑红、刘汉奇、楚政、袁立忠、张海燕、汪黎明、张源。

引　言

为适应旅游休闲新业态自驾游快速发展的需求，引导、规范自驾游的管理和服务，保障游客的合法权益，促进自驾游持续、健康发展，特制定本标准。

自驾游管理服务规范

1 范围

本标准规定了自驾游组织机构、管理服务系统、路线与服务、合同与文件、人员、工作车及设施设备、安全与应急管理等的基本要求。

本标准适用于各类从事自驾游业务的旅行社、俱乐部和其他自驾游机构。

2 术语和定义

下列术语和定义适用于本文件。

2.1

自驾游 self-driving travel

游客自己驾驶汽车为主要交通方式的旅游休闲活动。

2.2

自驾游俱乐部 self-driving travel club

在工商行政或相关部门登记注册，以组织游客自驾汽车旅游为主要业务的经营机构。

2.3

自驾游机构 self-driving travel organization

组织自驾游活动的俱乐部、车友会、旅行社等经营机构。

2.4

自驾游领队 self-driving travel conductor

受自驾游俱乐部等机构委派，组织实施自驾游活动，负有指挥和协调职责的人员。

3 组织机构

3.1 基本条件

3.1.1 依法成立，能够独立承担民事责任。

3.1.2 有必要的财产、经费和相应的组织机构。

3.1.3 有自己的名称和场所。

3.2 其他条件

3.2.1 取得旅游业务经营许可，或与合法从事旅游业务的机构进行合作。

3.2.2 具备自驾游相关业务主管部门要求的其他条件。

3.2.3 有自驾游专业人员。

3.2.4 有条件的自驾游机构宜取得保险代理人资格等自驾游相关业务经营资格。

4 管理服务系统

4.1 路况信息管理

4.1.1 应运用安全、可靠的技术手段建立自驾游路况信息管理平台系统。

4.1.2 使用安全可靠的电子地图系统实现对所组织的自驾游活动行经路线、路况的规划管理，应特别注意新修建、改扩建道路信息的更新情况。

4.1.3 宜独立或联合研发具有自主知识产权和专门信息数据库的自驾游路况信息管理平台系统。

4.1.4 宜安排收集所组织的自驾游活动拟行经区域的地方交警、交通等部门发布的路况信息，将交通管制、改道、拥堵等可能影响自驾游活动的相关信息录入自驾游路况信息管理平台系统，并及时通知自驾游领队或其他工作人员。

4.1.5 应组织实地考察新开发或拟开发的自驾游产品路线，或者委托自驾游联盟其他成员或者业务合作单位的人员实地考察路线，并将相关信息及时录入自驾游路况信息管理平台系统。

4.1.6 应安排自驾游领队、工作车驾驶员或其他工作人员通过自驾游路况信息管理平台系统或电子地图系统对拟组织的自驾游活动路线进行虚拟路演，将发现的问题或可能产生错误的情况录入自驾游路况信息管理平台系统，并设置自动提醒或预警功能。

4.1.7 自驾游路况信息管理平台系统应具备最佳路线和备选路线规划功能，并能对自驾游活动提供实时指挥调度服务。

4.2 定位导航管理

4.2.1 在自驾游机构指挥调度中心建立自驾游车辆，特别是工作车定位导航平台系统。

4.2.2 宜根据需要选择建立手机定位导航或专用设备定位导航的工作车定位导航平台系统。

4.2.3 宜建立兼具手机定位导航和专用设备定位导航功能的工作车定位导航平台系统。

4.2.4 参加自驾游活动的全部工作车辆均应加入车辆定位导航平台系统。

4.2.5 宜本着自愿、安全的原则，鼓励自驾游游客的车辆加入车辆定位导航平台系统。

4.2.6 定位导航平台系统应具备对自驾游车辆的行驶轨迹、行驶速度等进行实时监控和记录功能，记录的相关信息应在自驾游活动结束后保留两年以上。

4.2.7 宜优先选用国产定位导航软件和产品。

4.3 气象信息管理

4.3.1 建立独立的自驾游气象信息管理平台系统，或在路况信息管理平台系统内设置气象信息管理子系统。

4.3.2 通过气象局（台）官方网站、广播电台、电视台等渠道及时收集自驾游车队途经区域、停歇地、目的地的气象信息。

4.3.3 宜建立自驾游专用气象信息协作机制，由气象部门为自驾游机构提供定制的气象服务。

4.3.4 及时处理收集到的气象信息，对自驾游车队行经区域的暴风、台风、大雨、冻雨、大雪、大雾、雷击等可能影响自驾游安全的气象信息，确认已经发生或认为发生的可能性较大时，及时通知自驾游领队或其他工作人员，并提示自驾游游客采取必要的安全措施。

4.3.5 宜通过环境、水务、交通等部门和新闻渠道收集自驾游车队行经区域的地震、山体滑坡、塌方、泥石流等地质灾害信息和洪水等相关信息，在确认已经发生或者认为发生的可能性较大时，及时通知自驾游领队或其他工作人员，并提示自驾游游客采取必要的安全措施。

4.4 停车服务管理

4.4.1 建立独立的自驾游停车服务平台系统，或在路况信息管理平台系统内设置停车服务子系统。

4.4.2 应提前至少1小时，通过浏览旅游景区官方网站、拨打服务电话、联系业务人员等途径及时了解自驾游目的地景区的游客数量和停车场空闲停车位数量情况，发现存在可能影响原计划执行的情况时，及时通知自驾游领队或其他工作人员。

4.4.3 提前至少1小时，通过拨打联系电话等途径及时了解就餐场所服务和停车场空闲停车位数量情况，发现可能影响原计划执行的情况时，及时通知自驾游领队或其他工作人员。

4.4.4 提前至少1小时，通过浏览交警和交通等部门官方网站，或拨打服务电话、联系相关人员等途径及时了解中途休息点的运行情况，特别是公共厕所使用和加油站点的经营情况，发现存在可能影响原计划执行的情况时，及时通知自驾游领队或其他工作人员。

4.5 车辆维保管理

4.5.1 建立独立的自驾游车辆维保服务平台系统，或在路况信息管理平台系统内设置车辆维保服务子系统。

4.5.2 在自驾游产品设计时充分考虑车辆维修保养问题，并将沿途主要的车辆维修保养店（厂）及其联系方式录入车辆维保服务平台系统，必要时为自驾游车队提供联系协调服务。

4.5.3 与车辆救援机构建立协作关系，或联合保险公司与车辆救援机构建立协作关系，并将相关信息录入车辆维保服务平台系统，必要时为自驾游车队提供协调服务。

4.5.4 与车辆租赁机构建立协作关系，并将相关信息录入车辆维保服务平台系统，必要时为自驾游车队提供协调或联络服务。

4.6 指挥调度中心

4.6.1 自驾游机构应设立独立的指挥调度中心，或与自驾游机构联盟、业务合作单位共同建立统一的指挥调度中心。

4.6.2 指挥调度中心拥有对本自驾游机构、自驾游机构联盟加盟成员或约定接受指挥的业务合作单位所组织的自驾游活动的指挥调度权。

4.6.3 工作时间和自驾游活动期间，指挥调度中心应安排专门人员提供值守服务，只有在所组织的自驾游车队全部安全到达目的地，安排妥当全体游客以后，才可以转为电话或网络自动值守服务模式。

4.6.4 指挥调度中心值守服务人员应熟悉车辆事故保险处理程序，特别是事故车辆救援服务程序和路径，必要时为发生交通事故的自驾游游客提供协助服务。

4.7 游客服务中心

4.7.1 应在自驾游机构住所或部分分支机构经营场所设立游客服务中心。

4.7.2 宜有与其现场咨询的目标客户规模相适应的停车区或停车位。

4.7.3 应安排专业服务人员在对外公示的营业时间内负责接待自驾游游客。

4.7.4 宜摆放自驾游产品说明书等自驾游产品宣传或介绍资料，或者通过计算机显示屏、LED屏等电子手段向自驾游游客宣传、介绍自驾游产品及其他相关资料。

4.7.5 应提供现场咨询和自驾游机构基本业务即时办理和预约办理服务。

4.7.6 受理游客投诉，根据授权直接办理并将结果告知游客，或者转有关部门、人员办理，并由其负责回复。

4.8 通信网络服务中心

4.8.1 应设立电话和互联网等游客通信网络服务中心。

4.8.2 应设立7×24小时电话服务中心，电话服务中心宜使用固定电话，号码对外公布并尽量保持稳定，并根据自驾游游客的需求情况适当增加中继线。

4.8.3 电话服务中心应在公布的工作时间内安排专人值守服务，非工作时间可将服务电话转移至相应的值班人员移动电话，并保证全天候接听处理自驾游游客需求。

4.8.4 宜设立网络服务中心，网络服务中心可以是独立注册的服务网站，也可以是自驾游机构官方网站上专门的服务中心链接。

4.8.5 可设立移动应用终端APP服务中心。

4.8.6 网络服务中心和APP服务中心应在公布的工作时间内提供专人值守服务，非工作时间可指定专门人员在除21:00～次日7:00的时间段外，每1小时登录查看一次自驾游游客的需求情况，并及时处理。

4.8.7 可提供非现场咨询，基本业务预约办理服务，以及部分业务的网络或电话办理服务。

4.8.8 可接受自驾游游客的投诉，根据授权直接办理并将办理结果告知游客，或转有关部门或人员办理，并由其负责回复游客。

5 路线与服务管理

5.1 产品路线

5.1.1 应根据自驾游目标游客及其所驾车辆特点规划设计相应的自驾游路线，以确保自驾游产品的品质和安全。

5.1.2 宜选择旅游专用道路、高速公路和其他高等级公路，规避低等级公路和乡村公路，规避交通流量大的道路以及大型货车比较多的道路。

5.1.3 应注意行经道路和备选道路的限高、限宽及路面平整度等因素，满足自驾游游客车辆的通行要求。

5.1.4 应保持车队的整体性，规定合理的头车速度，正常情况下头车宜低于行驶路线规定限速5～10公里，并满足尾车不超过道路规定限速的通行要求。

5.1.5 应满足自驾游游客的生理需求，连续行驶2小时左右安排一次中途休息。中途休息点宜选择公路服务区，或选择位置合适、场地宽敞、油品种类较全、配备公共厕所的品牌连锁加油站。

5.1.6 宜关注自驾游游客的逆向旅游需求，按大城市→中小城市→乡村→中小城市→大城市的逆向旅游需求规律引导游客合理有序流动。

5.1.7 减少自驾游车队对交通的影响，宜规避在交通高峰时段进出城市中心区域或热点景区。

5.1.8 宜满足自驾游车辆的停车需求，特别妥善解决好大型自驾游车队的停车问题。

5.1.9 体现自驾游的灵活性，宜结合农家乐、乡村旅馆、农园农庄、青年客舍、医养院所和露营地等旅游新业态设计自驾游活动路线。

5.1.10 根据自驾游快速发展的现实需求，可通过自驾游护照、年册、年票、一卡通等形式与旅游景区、旅游饭店和旅游新业态企业进行合作，设计能适应各类需求的多种自驾游产品。

5.2 基本服务

5.2.1 在满足自驾游游客基本需求的基础上，突出自驾游机构的个性化特色服务。

5.2.2 选聘和安排业务素质高、服务意识强的领队为自驾游团队提供优质高效的领队服务。

5.2.3 根据自驾游车队的规模、游客人数和旅游行程安排工作车和工作人员，工作人员与自驾游游客的人数比例不宜低于1:20，或者工作人员与自驾游游客自驾车辆的数量比例不宜低于1:5。

5.2.4　根据旅游路线和自驾游行程安排，制作具有本机构特色的路书，纸质路书宜在出发前发放给自驾游游客，至迟应在集结出发时发放。

5.2.5　宜制作电子路书，电子路书应在制作完成后及时发送至自驾游游客指定的手机等移动终端或电子邮箱。

5.2.6　根据汇总的报名情况，编制自驾游游客名册。自驾游游客名册登记内容应包括但不限于游客姓名、性别、同行人员、住宿安排、用餐要求、车辆编号和联系方式等必要信息。

5.2.7　适时向自驾游游客预留的移动电话、固定电话、电子邮箱、微信号等通信方式发送出发时间、集合地点、应备证件、服装与装备配置建议等提示信息，并要求游客收到后进行回复确认。

5.2.8　适时为自驾游游客提供路况播报与通联服务，重点是及时发布行经道路的基本情况和可能影响车队通行的其他情况，包括信号灯变化、限定车速、对面来车等情况，以及路边可能影响车队顺利通行的行人、车辆或障碍物等其他情况。

5.2.9　宜选择规模较大、信誉较好的地接社进行合作，要求对方安排业务能力较强的导游人员提供优质高效的地陪服务。

5.2.10　宜选择规模较大、信誉较好的保险公司进行合作，为自驾游车辆和游客提供必要的补充性商业保险，包括交通意外伤害险、交通救援保险和意外伤害救援保险等。

5.2.11　可根据自驾游行程安排，提供摄影摄像、赠送纪念品、赠送帐篷等露营用品、赠送对讲手台等通信用品或其他增值服务。

5.3　自驾游旅途服务管理

自驾游旅途服务管理见附录A。

6　合同与文件管理

6.1　自驾游合同

与自驾游游客签订书面的自驾游服务合同。自驾游服务合同可参照《中华人民共和国旅游法》第五十八条规定的主要内容，还应包括但不限于以下内容：

a）自驾游机构及其工作人员强制或诱导自驾游游客违规驾驶的主要情形；

b）自驾游机构及其工作人员强制或诱导自驾游游客违规驾驶造成交通事故的责任分担约定；

c）自驾游游客不听从自驾游机构及其工作人员的指挥或劝导，擅自行动或违规驾驶造成交通事故或意外伤害的主要情形；

d）自驾游游客不听从自驾游机构及其工作人员的指挥或劝导，擅自行动或违规驾驶造成交通事故或意外伤害的责任约定，以及影响自驾游车队行程的处理程序和责任约定；

e）自驾游游客身体状况、驾驶技术和所驾车辆工况良好的承诺或说明；

f）自驾游游客注意加强环境保护，不故意破坏环境的承诺。

6.2　自驾游游客个人与车辆信息备案表

信息备案表宜由自驾游机构或自驾游机构联盟统一制作，可采用纸质或电子表格版式。信息备案表应包括但不限于以下内容：

a）自驾游游客的个人身份信息，宜包括姓名、性别、身份证号码、住址等基本信息；

b）自驾游游客的个人健康信息，宜包括身高、体重、血型、既往重大病史、药物过敏情况等必要信息；

c）自驾游游客的个人通信信息，宜包括移动电话、家庭电话、单位电话、电子邮箱、微信号、通信地址等基本信息；

d）自驾游游客指定的紧急联系人信息，宜包括联系人姓名、与自驾游游客关系、联系人移动电话、固定电话、微信号等必要信息；

e）自驾游游客所驾车辆信息，宜包括车主姓名（名称）、车辆型号、年检情况、保险情况、油品要求等必要信息；

f）应适时发放并提示自驾游游客如实填写个人与车辆信息备案表。

6.3 信息备案表使用承诺与声明

6.3.1 自驾游游客应作出备案信息真实性承诺，即以上信息由本人如实填写，并对其真实性负责，由于填写不实引起的法律责任完全由本人承担。

6.3.2 自驾游机构应在自驾游游客个人与车辆信息备案表中以较醒目方式做出有限使用承诺，即本备案表中所填信息仅用于保证本次自驾游活动顺利实施之目的，非经游客本人同意不擅自挪作他用。

6.3.3 宜以适当方式请自驾游游客作出授权自驾游机构有限使用其个人信息的声明，即允许自驾游机构以适当方式使用本人个人信息备案表中预留的相关信息，但仅限于告知本人可能感兴趣的、被授权自驾游机构开发的自驾游新产品或相关资料。

6.3.4 自驾游游客资料真实性承诺应由其本人或委托代理人手书并签名，有限使用的授权声明可采取选择填写方式，但应由其本人或委托代理人签名确认。

7 人员管理

7.1 领队管理

7.1.1 领队是自驾游活动的具体指挥者和现场负责人，负责组织实施自驾游活动计划，保证自驾游活动的顺利完成。

7.1.2 熟悉旅游与道路交通法律法规。

7.1.3 具备一定的驾驶经验，近3年内参加过相关部门组织的自驾游相关业务培训。

7.1.4 掌握必要的车辆和自驾游通信设备使用技术，并具备简单的故障排除能力。

7.1.5 熟悉自驾游路线及其附近区域的道路、景区、自然风光和人文资源情况。

7.1.6 有一定的组织协调能力。

7.1.7 执行工作日志制度，认真如实记录自驾游活动的基本工作情况。

7.2 工作车驾驶员管理

7.2.1 工作车驾驶员主要负责工作车的驾驶、领航等工作，驾驶过程中不宜承担路况播报等其他工作任务。

7.2.2 工作车驾驶员可负责自驾游游客车辆故障应急救援等保障服务工作。

7.2.3 应持有有效驾驶证件。

7.2.4 有3年以上驾龄，且没有发生过本人负全部或主要责任的重大或特大交通事故。

7.2.5 遵守交通安全法律法规，养成文明驾驶习惯。

7.3 其他工作人员管理

7.3.1 自驾游机构其他随团工作人员在领队的统一组织领导下共同提供导游、通信联络、辅助服务协调、应急救援等自驾游服务工作。

7.3.2 持有有效驾驶证件，没有发生过本人负全部责任的重大或特大交通事故。
7.3.3 特殊情况下经自驾游游客申请，并经领队同意，可以临时代替游客驾驶车辆。
7.3.4 工作人员应知悉本人的具体工作职责。
7.3.5 受领队安排的工作任务，有异议时可以向自驾游机构负责人或部门负责人申诉，但不得拒绝执行。

7.4 教育培训

7.4.1 自驾游机构应采取多种形式加强工作人员的教育培训，全面提升员工业务素质和工作技能。
7.4.2 对自驾游领队，每季度至少培训一次，每次不应少于2小时。
7.4.3 对工作车驾驶员和其他工作人员，每半年至少培训一次，每次不应少于2小时。
7.4.4 每年至少进行一次业务技能方面的全员培训。
7.4.5 每年至少进行一次安全管理方面的全员培训。
7.4.6 全员业务技能培训和安全管理培训可合并进行，但培训时间不应少于4小时。

8 工作车及设备管理

8.1 工作车管理

8.1.1 应以自驾游机构自有车辆或长期租用车辆作为工作车，不宜使用自驾游游客车辆作为工作车。
8.1.2 宜固定工作车驾驶员，并指定专人负责工作车保养和安全管理。
8.1.3 自驾游活动开始前应对工作车进行安全检查，长途自驾游活动前宜进行全面检查，确保车辆工作状况良好。
8.1.4 应向交警部门查询工作车违章情况，并在自驾游活动开始前及时处理完毕。
8.1.5 至少一台工作车要配备电瓶连线、拖车绳和其他简单的救援工具。
8.1.6 进行线路较偏僻、加油站点距离较长的自驾游活动时，应安排工作车补充油料。
8.1.7 应安排车况较好、驾驶员驾驶技术相对熟练的工作车担任自驾游车队尾车。
8.1.8 自驾游机构工作车应加装行车记录仪，并在行驶途中保持工作状态。

8.2 通信设备管理

8.2.1 宜选择高质量的品牌对讲机、车载台等通信设备。
8.2.2 宜指定专人保管通信设备及其附属配件，确保全部设备完好适用。
8.2.3 自驾游路线因山路或车队规模过大等原因影响通信设备接收效果时，可根据情况对部分车辆增配大功率通信设备，确保正常行驶时全部自驾游车辆都能够通信顺畅。
8.2.4 可试点使用其他即时通信工具，如使用手机终端作为自驾游车队主要通信工具等。
8.2.5 可结合使用即时通信工具与定位导航平台系统，创新具有本机构特色的自驾游通信联络方式。

9 自驾游安全与应急管理

9.1 建立安全组织领导制度

9.1.1 安全是自驾游的生命线，自驾游机构应建立全方位的安全与应急管理机制。
9.1.2 建立以法定代表人或主要负责人为组长的安全领导小组，对自驾游机构的安全管理负全责。
9.1.3 宜明确分管安全工作的副总和各部门负责人为安全领导小组成员。

9.1.4 应根据自驾游机构规模和业务种类设立若干专门小组，包括但不限于消防安全、交通安全、食品安全、地质安全等专门小组。

9.1.5 宜以适当方式参加地方政府或行业主管部门的安全管理领导组织或安全生产协调机构，建立有效畅通的安全领导沟通协调机制。

9.2 建立健全安全工作机制

9.2.1 建立健全安全管理规章制度，全面落实有关自驾游安全管理的法律法规。

9.2.2 建立全员责任制的安全管理制度，做到横向到边，纵向到底，杜绝安全漏洞。

9.2.3 充分利用路况信息管理平台系统等内、外部资源，多方联动做好自驾游安全管理。

9.2.4 做好特种自驾游活动安全预案和组织实施，有效防范各种安全隐患。

9.2.5 宜借助保险公司、救援机制等社会力量加强对自驾游机构、自驾游游客和自驾游车辆的安全管理和安全保障机制建设。

9.2.6 宜借助旅游、交警和交通等部门和行政手段加强对自驾游机构、自驾游游客和自驾游车辆的安全管理和保障机制建设。

9.3 建立健全突发事件应急预案

9.3.1 根据自驾游活动的风险特征，建立健全符合自驾游机构和自驾游活动特点的突发事件应急预案。

9.3.2 每年至少组织一次突发事件应急预案演练，根据突发事件应急预案实施和演练中发现的问题及时对应急预案进行修改完善。

9.4 责任保险

9.4.1 宜投保自驾游机构责任保险和自驾游领队、自驾车驾驶员等关键岗位人员责任保险。

9.4.2 可与保险公司合作开发自驾游机构责任保险或自驾游从业人员责任保险。

附　录　A
（规范性附录）
自驾游旅途服务管理

A.1　出发准备与集结

A.1.1　出发准备

A.1.1.1　根据工作车状况和驾驶人员情况安排自驾游车队顺序，宜重点做好头车和尾车的安排事宜。
A.1.1.2　根据自驾游游客及其自驾车辆情况安排自驾游车队顺序，宜重点做好初次参加本机构组织的自驾游活动的游客自驾车辆顺序安排事宜。
A.1.1.3　做好出发前的物资准备，宜制作体现自驾游机构和本次自驾游特色的反光或荧光车贴。
A.1.1.4　出发前3天，选择手机短信、电话、电子邮件和微信等联系方式中的至少2种，向自驾游游客发送自驾游出发时间、集合地点、应带证件、服装装备配置建议等提示信息或通知，并要求游客进行回复确认。
A.1.1.5　出发前一天，联系未进行提示回复的自驾游游客，确认其已知悉出行信息并将按计划出发。
A.1.1.6　上述全部联络信息应以适当方式记录保存，保存至自驾游活动结束后2年以上。
A.1.1.7　联系自驾游领队、工作车驾驶员和其他工作人员，确认人员到位，车辆、物资准备就绪。

A.1.2　集结

A.1.1.8　安排工作人员提前至少1小时到达规定的集结地点，确认存在需要临时变更集结地点的特殊情况时，迅速选定新的集结地点并及时通知全体自驾游游客和工作人员。
A.1.1.9　全体工作人员至少提前20分钟到达规定的集结地点，专门接送搭车游客的工作车除外。
A.1.1.10　组织发放车贴、通信设备等专用物资。
A.1.1.11　确定各车车长，召集车长和部分自驾游游客宣布自驾游注意事项和统一要求。
A.1.1.12　组织报名时没有填写相关信息备案表的自驾游游客及时填写个人与车辆信息备案表，并妥善保管。

A.2　旅途服务

A.2.1　组织车队顺利行驶

A.2.1.1　根据行经道路的具体情况，适时提示车队部分车辆或全体车辆开启示廓灯，以提醒其他车辆和行人注意安全。
A.2.1.2　安排工作人员和地陪人员乘坐头车，并及时通报头车的车速和路况。
A.2.1.3　对因故掉队车辆与自驾游游客，应通过路书预先告知或者实时通信告知其与车队的会合地点和方式。
A.2.1.4　临时决定增加或改变中途休息地点时，应提前10～20公里或提前10～15分钟通过通信设备发布通知。
A.2.1.5　通过收费道路闸口时，应根据收费闸口使用情况相机决定并通知自驾游游客依次排队通过或者自行分别通过。

A.2.1.6　头车通过后，应根据路况相机决定并通知先行通过的车辆减速慢行或者在路边停靠等待车队全部通过。

A.2.1.7　宜适时提醒已通过车辆在等待时适当拉大车距，预留允许前后序号车辆插入的足够空间。

A.2.1.8　自驾游游客因故不能继续驾驶车辆的，宜协助安排其他持有有效驾驶证件的自驾游游客代为驾驶车辆。

A.2.1.9　特殊情况下自驾游领队或其他工作人员可应急代客驾驶，但应由自驾游游客出具书面代驾申请。

A.2.1.10　根据车队行进情况适时提醒游客要注意根据编定的车队顺序依次行驶，不要占用两条车道，不允许无故擅自超车、随意穿插、竞逐等不良驾驶行为。

A.2.2　路况播报与通联

A.2.2.1　车队进入较顺畅路段后，自驾游领队或其授权人员应通过通信设备代表本单位向游客表示欢迎，并表达提供服务的真诚愿望。

A.2.2.2　选择适当的时间概要介绍自驾游机构、自驾游领队及本次活动工作人员的基本情况、本次自驾游活动和当天的大致安排，并请自驾游游客监督和配合。

A.2.2.3　安排地陪导游服务时，应适时邀请地陪导游介绍地接社、地陪导游的基本情况，以及其负责提供的服务安排情况。

A.2.2.4　适时提示自驾游游客注意收听车队的播报信息，非特殊情况不允许游客使用共用通信设备进行唱歌等娱乐活动。

A.2.2.5　尾车应及时反映车队行驶情况，提醒个别车辆驾驶员遵章依约驾驶。

A.2.3　景区活动

A.2.3.1　联络地陪导游或景区人员，至少提前1小时确认自驾游目的地景区活动计划执行的可行性。

A.2.3.2　通知、引导自驾车队尽可能在规定或约定地点集中停放车辆。

A.2.3.3　在非封闭或监控停车场停车时，宜安排工作人员负责看管车辆，或提醒自驾游游客随身携带贵重物品和重要证件。

A.2.3.4　参观或分散活动前，应说明活动时间、集合时间和集合地点等必要信息。

A.2.3.5　配合地陪导游办理参观或进入手续，参观时协助照顾自驾游游客。

A.2.3.6　未安排地陪导游时，自驾游领队或工作人员可承担景区导游工作。

A.2.4　食宿服务

A.2.4.1　至少提前1小时联系食宿供应单位，确认自驾游活动计划的执行与变动情况。

A.2.4.2　食宿地点发生变化时，应及时调整安排，并通知全体自驾游游客和工作人员。

A.2.4.3　宜在抵达前安排好就餐桌位和房间人员，并根据情况决定通过通信设备通知自驾游游客还是停车后一并通知。

A.2.4.4　宜重点关照老、幼、病、弱、孕等特殊自驾游游客，以及部分自驾游游客的特殊餐饮需求。

A.2.4.5　服务外包时，自驾游领队或其安排的工作人员应负责监督检查地接社、地陪导游是否按约定标准协调安排食宿服务。

A.3　散团及文档资料整理

A.3.1　散团

A.3.1.1　根据路书计划或变更情况选择适当的地点进行散团安排。

A.3.1.2　变更散团地点时应取得大多数自驾游游客同意，并报自驾游机构负责人批准。
A.3.1.3　非特殊情况不宜同意自驾游游客提前离团。
A.3.1.4　及时收回自驾游游客租赁或借用的自驾游机构通信设备和其他物品。

A.3.2　提醒和感谢

A.3.2.1　提醒自驾游游客带好自己的物品和证件。
A.3.2.2　征求自驾游游客对自驾游领队和工作人员服务工作的意见和建议。
A.3.2.3　对自驾游游客在旅途中的合作和支持表示感谢，并表达再次提供服务的真诚愿望。

A.3.3　资料报备

A.3.3.1　由自驾游领队或指定的工作人员填写统一制作的自驾游活动手册或撰写专门报告，向所属机构报告地接社及其地陪导游服务、餐饮服务、酒店住宿质量、道路安全行驶和景区特点等信息资料。
A.3.3.2　收集、整理相关信息备案报表，交自驾游机构存档。
A.3.3.3　收集、整理自驾游游客对本次自驾游活动的意见表，交自驾游机构存档。

ICS 03.200
A 12

LB

中华人民共和国旅游行业标准

LB/T 045—2015

旅游演艺服务与管理规范

Standards for tourism performing art service and management

2015-07-27 发布　　2015-11-01 实施

中华人民共和国国家旅游局　发布

前　　言

本标准的编写规则依据GB/T 1.1—2009 和GB/T 24421.3—2009给出的规则起草。

本标准由全国旅游标准化技术委员会提出并归口。

本标准起草单位：国家旅游局监督管理司、浙江茗苑旅游规划设计研究中心有限公司、浙江茗苑旅游标准化技术研究院、浙江省旅游标准化技术委员会。

本标准主要起草人：陈一帆、吴才满、林震华。

本标准参与起草人：程钢、徐连宏、侯作前、张海燕、汪黎明、张源。

引 言

为贯彻落实《中华人民共和国旅游法》，进一步提高旅游演艺的服务质量、管理水平,促进旅游演艺行业的科学健康发展，特制定本标准。

旅游演艺服务与管理规范

1 范围

本标准规定了旅游演艺的术语定义、基本原则、演艺要求、服务要求和管理要求等内容。

本标准适用于旅游景区内举办的各类演艺活动。

2 规范性引用文件

下列文件对于本文件的应用是必不可少的。凡是注日期的引用文件，仅所注日期的版本适用于本文件。凡是不注日期的引用文件，其最新版本（包括所有的修改单）适用于本文件。

GB 2894 安全标志及其使用导则

GB 3095 环境空气质量标准

GB 3096 声环境质量标准

GB 3838 地表水环境质量标准

GB 13495 消防安全标志

GB 7000.217 灯具 第2-17部分：特殊要求 舞台灯光、电视、电影及摄影场所（室内外）用灯具

GB/T 10001.1 标志用公共信息图形符号 第1部分：通用符号

GB/T 10001.2 标志用公共信息图形符号 第2部分：旅游休闲符号

GB/T 10001.9 标志用公共信息图形符号 第9部分：无障碍设施符号

GB/T 16766 旅游业基础术语

GB/T 17775 旅游景区质量等级评定与划分

GB/T 18973 旅游厕所质量等级的划分与评定

GB/T 26355 旅游景区服务指南

JGJ 57 剧场建筑设计规范

WH/T 35 演出场馆设备技术术语 舞台机械

WH/T 59 演出场馆设备技术术语 剧场

LB/T 034 景区最大承载量核定导则

3 术语和定义

GB/T 16766、WH/T 59和WH/T 35界定的以及下列术语和定义适用于本标准。

3.1

演艺 art performance

指音乐、歌舞、戏剧、戏曲、芭蕾、曲艺、杂技等各类型文艺演出的具体形态。

3.2

旅游演艺 tourism performing art

在旅游景区及相关空间内，以室内场景、室外自然或模拟的山水景观为演出场所，为游客提供的具

中国旅游 CHINA REISEN • TOURISME CHINOIS • 旅

有一定观赏性和娱乐性的各类演艺产品。

4 基本原则

4.1 文明

4.1.1 演艺的内容文明，应尊重观众的宗教信仰和风俗习惯。

4.1.2 演员在演出中应举止文明、落落大方。

4.1.3 现场服务人员应注重礼仪、文明服务，引导游客遵守秩序，文明欣赏节目。

4.2 特色

4.2.1 演艺主题应体现文化特色，避免粗制滥造、重复抄袭。

4.2.2 布景应与所在旅游景区的景观环境相协调。

4.2.3 演艺可引导观众参与，互动交流。

4.3 安全

4.3.1 应加强演艺活动的安全检查，加强演艺场所消防、防恐、防爆、紧急疏散等安全防范工作。

4.3.2 应加强对演艺场所观众容量的控制，最大承载量应符合 LB/T 034 行业标准的要求。

4.3.3 应加强对设施设备和演出流程的监管，保证演出活动的安全有序。

4.4 环保

4.4.1 演艺单位应遵循低碳环保的理念，策划和制作演出节目。

4.4.2 户外山水实景演出，布置场景或营造效果时应注重生态环境和文物古迹保护。

4.4.3 旅游演艺开发应做好环境评估，空气、声环境、地表水环境质量的影响指标应符合 GB 3095、GB 3096、GB 3838 国家标准。

5 演艺要求

5.1 节目

5.1.1 节目的类型应多样化，主题宜充分挖掘当地历史、人文资源，传承文化遗产。

5.1.2 实景演出背景宜与景区自然风光融合，并创新形成新的景观。

5.1.3 演艺单位宜成立专门管理机构，负责节目的研发和定期更新完善。

5.2 演员

5.2.1 主要演员应聘请专职演员，签订劳动合同。

5.2.2 演员的安排应符合剧情演出的需要，主要演员应取得相应的专业技术等级证书。

5.2.3 演员上岗前应进行演出流程、演出内容的培训，熟悉演出的场地、角色和剧本。

5.3 场所

5.3.1 应包括演艺区域、观众席、停车场、售检票、消防安全、环卫等设施，可包括公共休闲、购物等服务设施，需要剧场的可参照 JGJ 57—2000 标准设计。

5.3.2 观众席座椅应安全、舒适，一人一座。

5.3.3 公共休闲区、停车场、购物场所、卫生间等服务设施的容量应根据单场观众人数进行配置。

5.3.4 应按照GB/T 10001第1、2、9部分的要求，设置公共图形符号，配备广播室和专人值守的咨询电话，并公示电话号码和服务时间。

5.3.5 应保证移动通信信号畅通，可提供公用电话设施。

5.3.6 观众互动表演、参与性强的演艺活动，可因地制宜，保障活动正常有序进行。

5.4 设施设备

5.4.1 应配套必要的舞美、灯光、音箱等设施设备。

5.4.2 应配备舞台道具、升降观众席等机械设备。

5.4.3 应配备造型灯、聚光灯等灯光照明设备，符合GB 7000.217 灯具 第2-17部分的要求。

5.4.4 可配备音箱、功率放大器、麦克风、均衡器、混响器等音响效果设备。

5.4.5 可提供LED屏、投影幕等视频设备。

5.4.6 特技表演可配置特种设备。

5.5 服装道具

5.5.1 应根据演出内容，制作必要的演出服装和道具。

5.5.2 服装和道具款式、色彩应围绕演出节目主题，有效烘托演出效果。

5.5.3 应配备够用的服装间和道具间，位置合理，通风良好。

5.5.4 大型道具在演出前应进行检查和调试，以保证功能正常。

5.6 演艺流程

5.6.1 应建立演艺候场制度，根据演出重要性规定演职人员候场时间。

5.6.2 候场期间，演职人员应检查各类设施设备是否正常，道具是否摆放到位，演员应按要求进行化妆、着装、佩戴各类饰品。

5.6.3 前期工作完成后，演员应到出场口，熟悉人物背景和台词，为表演进行感情铺垫。

5.6.4 演艺过程中演员应按照剧本和导演要求认真准确表演，精心塑造角色人物形象，做到：

——台词和情节准确；

——面部表情与角色人物要求一致；

——准确、整齐完成规定的形体动作；

——专心致志，不走神、不笑场、不拖场。

5.6.5 演艺结束后，演员应按照要求，向观众谢幕或礼貌欢送后通过规定的通道有序下场。

5.6.6 演职人员将自己使用的服装、道具、舞台机械设备等按要求归位，并做好清洁卫生。

5.6.7 演艺结束后应适时进行讲评，指出演出中存在的问题并提出整改措施。

6 服务要求

6.1 服务人员

6.1.1 演出经营单位应配备足够的服务人员，为观众提供现场服务。

6.1.2 服务人员应具备良好的职业道德和服务意识，对需要帮助的观众，应及时主动地给予援助。

6.1.3 上岗前应接受岗位培训，熟悉相关法律、法规、制度和规范，熟练掌握专业知识和服务技能。

6.1.4 服务人员应着装统一、仪表仪容整洁，并佩戴能够明显辨识的工牌或工卡。

6.1.5 应具备相应的文化水平和较好的语言表达能力，熟练使用普通话，使用规范称谓和礼貌用语，外语水平符合工作岗位的要求。

6.1.6 应熟知演艺场所内购物、休息、安全、卫生、医疗等相关设施的位置和主要功能。
6.1.7 应熟练掌握各类应急处置、投诉处理程序。

6.2 现场服务

6.2.1 应在观众席配备充足的现场服务人员，演出开始前应提供引导服务，及时、主动地将观众引导入座，合理控制入场流量和流向，保持良好秩序。
6.2.2 应提供热情主动的咨询服务，关注老弱病残特殊群体的服务需求。
6.2.3 演出前，应维持秩序，倡导观众不向演出区域抛投杂物。
6.2.4 演出过程中，根据剧情，可提供节目讲解服务，应吐字清晰、言辞简要。服务规程符合 GB/T 26355 要求。
6.2.5 室内演出中，游客离场时，应及时提供照明和引导服务。
6.2.6 因设备故障、安全隐患等突发事件导致演出中止或暂时终断，应第一时间安抚观众，并引导有序离场或耐心等候。
6.2.7 演出结束后，应引导观众有序离场，避免发生拥挤踩踏。
6.2.8 观众全部离开后，应检查、清理观众席设施，发现损坏及安全隐患的应及时上报，发现观众遗留物品应及时上交。
6.2.9 服务人员提供服务时，应保持微笑、态度热情，形体和用语应符合 GB/T 26355 的相关规范。

6.3 投诉处理

6.3.1 应设立专门的投诉处理部门和场所，配备投诉处理人员。
6.3.2 投诉处理场所应有明显的标志标识，公开投诉电话，设立意见簿、意见箱等设施。
6.3.3 应制定科学合理的投诉处理流程，加强培训，提高投诉处理时效。
6.3.4 投诉处理人员应详细记录投诉处理台账，评估处理效果。
6.3.5 定期进行观众意见征询活动，提高满意度。

7 管理要求

7.1 观众

7.1.1 应根据演艺节目内容、主题和场所大小，合理设置观众的最大容量。
7.1.2 严格按照容量控制单场观众人数，以保证观看演出过程中的舒适性和安全性。
7.1.3 应加强观众现场管理，引导文明观看演出。

7.2 设备设施管理

7.2.1 应配备足够且经过岗前培训的操作人员，特殊设备操作人员应经过专业培训，取得资格证书后，方可上岗。
7.2.2 应规范设施设备管理，制定管理制度并严格执行，宜建立管理台账备查，根据演出特点，制定设备管理应急预案。
7.2.3 应制定科学的设施设备操作规程，在明显位置悬挂操作说明书。
7.2.4 应加强设施设备的维护保养，建立台账，属于《特种设备安全监察条例》规定的设备，应按规定使用和检验。
7.2.5 应建立服装和道具的检查、清洗、维修、变更和报废管理制度，并建立管理台账。
7.2.6 演出过程中，应对机械、灯光、音响、视频等设备进行监管，发生临时事故能及时处置，保证演出质量。

7.3 演艺效果

7.3.1 应建立科学的演出排练制度，大中型演出应固定排练时间，小型演出可适当放宽要求。
7.3.2 排练时，演员、化妆、舞美、灯光、道具等均应按照正常演出进行，对排练效果进行考核，并与演职人员的绩效挂钩。
7.3.3 应加强演出过程的监督和管理，全程监控演出效果。
7.3.4 演出过程中，因设备原因导致演出不能继续进行，演员应鞠躬向观众致歉后有序退场。
6.3.5 因存在安全隐患导致演出无法正常进行，演员应根据应急预案有序退场。
6.3.6 演职人员应熟练掌握停电、火灾、设备故障、演员受伤等事故的应急预案，保证演出安全有序进行。

7.4 环境卫生

7.4.1 加强环境卫生的管理，应配置足够的垃圾桶等环卫设施，环境卫生应符合 GB/T 17775 对旅游景区环境卫生的要求。
7.4.2 演出单位应加强演出场所的空气质量管理，空气质量应符合 GB 3095 要求，室内场馆应配备正常运行的新风系统。
7.4.3 应根据单场观众的人数，配备足够数量的星级旅游厕所，旅游厕所的质量等级应符合 GB/T 17775 和 GB/T 18973 要求，提供清晰的标识牌。

7.5 安全保卫

7.5.1 应建立完善的安全保卫工作制度，配备安保人员维护演出现场秩序，及时处理治安纠纷、恐怖袭击等突发事件，并及时上报主管领导。
7.5.2 应加强入场的安全检查，禁止观众携带爆炸性、易燃性、腐蚀性、放射性等危险物品入场。大型演出场所应配备相应的安检设备。
7.5.3 室内演出场所消防栓、烟感、自动喷淋、消防通道等设施应设置科学合理，并通过公安消防部门验收。
7.5.4 安全疏散通道、消防安全标志等应符合 GB 13495 和 GB 2894 国家标准的要求。
7.5.5 加强演出过程中安全管理，演员应遵守角色的舞台位置，不要靠近和使用与本角色无关的特效设施。
7.5.6 发生大型安全事故应及时上报相关主管部门。

7.6 应急预案

7.6.1 应建立应急处理组织机构，制定旅游高峰期和特殊情况安全应急预案。
7.6.2 应急预案应职责明确，程序清晰，演出单位平时应加强应急预案的演练，并根据演练情况完善预案内容。
7.6.3 演出过程中因突发性的设备故障、自然灾害、停电、火灾等特殊情况，启动相应等级的应急预案。应组织得力，反应迅速、有效，替代设施到位，处置效果好。
7.6.4 应急处置时如需疏散游客的，应做到及时有效、安全有序。
7.6.5 应建立应急处理台账，对事故处置效果进行评估，并进一步完善应急预案内容与措施。

7.7 医疗救助

7.7.1 演出单位应制定规范的医疗急救措施和制度。

7.7.2 演出单位可配备相应的医护人员和必要的药品、医疗器械，对演职人员、观众突发疾病或轻微外伤者进行紧急救援。

ICS 03.200
A 12

LB

中华人民共和国旅游行业标准

LB/T 046—2015

温泉旅游服务质量规范

Specifications for hot spring tourism service quality

2015-07-27 发布　　2015-11-01 实施

中华人民共和国国家旅游局　发　布

前　言

本标准按照GB/T 1.1—2009给出的规则起草。

本标准由中华人民共和国国家旅游局提出。

本标准由全国旅游标准化技术委员会（SAC/TC 210）归口。

本标准起草单位：国家旅游局监督管理司、湖北省旅游局、咸宁市旅游局、沂水县旅游局。

本标准主要起草人：薛桂凤、钱远坤、张海燕、周正素、汪黎明、陈伟、郑华成、张超、王光莉、张源、熊英、张波。

温泉旅游服务质量规范

1 范围

本标准规定了温泉旅游服务的水资源利用要求、温泉旅游服务功能区域与服务要求、安全要求、卫生要求、服务人员要求、管理要求、服务质量监测与持续改进。

本标准适用于正式营业的各种温泉旅游服务企业。

2 规范性引用文件

下列文件对于本文件的应用是必不可少的。凡是注日期的引用文件，仅所注日期的版本适用于本文件。凡是不注日期的引用文件，其最新版本（包括所有的修改单）适用于本文件。

GB 2894 安全标志及其使用导则

GB 3095 环境空气质量标准

GB 5749 生活饮用水卫生标准

GB/T 18204.2 公共场所茶具微生物检验方法 细菌总数测定

GB/T 18204.3 公共场所茶具微生物检验方法 大肠菌群测定

GB/T 18204.4 公共场所毛巾、床上卧具微生物检验方法 细菌总数测定

GB/T 18204.5 公共场所毛巾、床上卧具微生物检验方法 大肠菌群测定

GB/T 18204.6 理发用具微生物检验方法 大肠菌群测定

GB/T 18204.7 理发用具微生物检验方法 金黄色葡萄球菌测定

GB/T 18204.8 公共场所拖鞋微生物检验方法 霉菌和酵母菌测定

GB/T 18204.12 公共场所浴盆、脸(脚)盆微生物检验方法 大肠菌群测定

GB/T 10001.1 标志用公共信息图形符号 第1部分：通用符号

GB/T 10001.2 标志用公共信息图形符号 第2部分：旅游休闲符号

GB/T 18883 室内空气质量标准

LB/T 001 旅游饭店用公共信息图形符号

LB/T 016 温泉企业服务质量等级划分与评定

WS 205 公共场所用品卫生标准

3 术语和定义

3.1

温泉旅游 hot spring tourism

以温泉及环境空间为载体，以沐浴、泡汤和健康理疗为主要方式，以体验温泉、感悟温泉文化为主题，达到休闲、疗养及度假目的的旅游活动。

3.2

温泉旅游企业 hot spring tourist enterprises

利用温泉资源，具备相适合的设施设备和环境条件，以温泉旅游服务为主的经济组织。包括温泉酒店、会所、度假村、疗养院、洗浴中心、温泉旅游小镇、温泉旅游度假区、温泉城等各类温泉企业。

4 总则

4.1 温泉旅游企业应提供与温泉旅游相适应的服务项目，以达到休闲、疗养及度假目的。

4.2 温泉旅游企业提供的服务项目应以沐浴温泉活动为主，宜围绕体验温泉文化开展相关的文化康体活动，可根据宾客需求提供餐饮、客房、会议、娱乐、购物、美容保健等配套服务项目。

4.3 温泉旅游企业的建筑、附属设施设备、服务项目和运行管理应符合国家现行的安全、消防、卫生、环境保护、劳动合同等有关法律、法规和标准的规定与要求。

4.4 温泉旅游企业应制定质量方针和质量目标，建立包括安全、卫生、服务、管理等内容的企业标准体系并组织实施。

4.5 倡导绿色设计、清洁生产、节能减排、绿色消费的理念。

5 温泉水资源利用要求

5.1 温泉水资源应按照可持续科学发展的原则合理利用。

5.2 温泉水资源利用应符合国家有关法律、法规等相关要求。开发和使用温泉资源应依法取得主管部门颁发的采矿许可证、取水许可证、安全生产许可证等有效证件。

5.3 温泉水资源开发利用应有环评报告、地热资源勘查报告、规划设计方案、项目可行性研究报告（或商业计划书）。

5.4 温泉水资源开采应设置计量仪表，监测水量、水温。计量仪表应按规定进行周期检定。

5.5 在不改变温泉水的主要成分和含量的前提下，可允许温泉水降温或加温，但应明示。

5.6 温泉旅游企业应定期依据国家法定检验机构的温泉水质检验报告明示温泉水质。

5.7 在不改变水质的情况下，宜对温泉水进行科学处理，循环使用，但应明示。

6 温泉旅游服务功能区域与服务要求

6.1 基本要求

6.1.1 温泉旅游服务场所应划分明确的温泉旅游服务功能区域，配备相应的设施、设备，明确服务内容和管理要求。

6.1.2 各功能区域应布局合理，比例适当，与温泉旅游全过程相协调。

6.1.3 主要公共区域应有无障碍设施，可为残疾人提供一定的服务。

6.1.4 主要公共区域应有关于节能环保、绿色消费的提示。

6.1.5 各种指示用和服务用文字应至少用规范的中、英文同时表示。导向标志清晰、实用、美观，公共信息图形符号应符合GB/T 10001.1、GB/T 10001.2、LB/T 001和GB 2894的规定。无人值守的危险地段，警示标识应有夜间照明。

6.1.6 温泉旅游服务场所可划分为下列功能区域：

a）接待区；

b）更衣室；

c）洁身区

d）沐浴区；

e）淋浴区；

f）露天休息区；

g）室内休息区；

h）公共卫生间；
i）停车场；
j）配套服务区。

6.2 接待区

6.2.1 应设置服务台，为宾客提供接待、问询、结账和行李保管等服务。
6.2.2 应设有温泉旅游营业场所示意图、沐浴温泉水温、水质、功效介绍及营业时间、价格等信息公示设施，方便宾客获取相关信息。
6.2.3 温泉入口处应展示“沐浴温泉须知”，其内容应包括禁忌、洁身、私人物品保管及其他注意事项。
6.2.4 应有泳衣、泳裤、泳帽等用品出售或赠送。
6.2.5 应设有供宾客休息、等候用设施。
6.2.6 应为宾客提供贵重物品寄存服务。

6.3 更衣室

6.3.1 应分设男、女更衣室。
6.3.2 室内通风良好、温湿度适宜、照明合理、清洁明亮，地面平整防滑。
6.3.3 室内应配备具备锁定功能且标识清晰的衣柜，衣柜内配有拖鞋和衣架等更衣用品。衣柜附近有座位便于宾客更衣。
6.3.4 室内宜设有梳妆台、梳妆镜，提供吹风机、梳子、面巾纸、棉签、护肤霜等用品。
6.3.5 室内宜提供浴袍、休息服、浴巾、一次性内裤等布草，摆放整齐，方便宾客取用。
6.3.6 有专人在岗及时为宾客提供更衣服务，维护更衣室清洁卫生和接待秩序。

6.4 洁身区

6.4.1 在宾客通往沐浴区的必经走道中，应设有强制性浸脚消毒池和冲淋设施。
6.4.2 浸脚消毒池水的余氯含量应保持5mg/L～10mg/L，并适时更换。
6.4.3 在通往沐浴区的员工通道上应设置消毒毡。

6.5 沐浴区

6.5.1 温泉池应符合以下要求：
a）应设置相应的台阶及扶手，便于宾客出入；
b）应配有完善的给水、排水、溢水设施；
c）应有保温和防渗漏处理（天然自涌泉除外）；
d）地板使用防滑材料，池边光滑、无棱角；
e）有明显的温度和水深标识，45℃以上高温泉及深水区应有特别提示；
f）温泉池旁应标有温度、沐浴适宜时间、主要禁忌等说明，加料温泉池、理疗池应标明成分及功效；严禁传染病、精神病等患者和酗酒者进入。
g）室内温泉的空间高度适中，并有通风换气、防存雾滴水功能。
6.5.2 温泉池附近应设有毛巾架，设置适量的毛巾挂钩并进行编号。
6.5.3 温泉池附近应设有饮水处，提供符合GB 5749要求的饮用水。
6.5.4 露天沐浴温泉区宜设置背景音乐。
6.5.5 沐浴温泉区应有专人随时巡查，并及时提供服务。服务人员负责引导宾客沐浴、提供饮品、补充更换毛巾、维护沐浴秩序和环境卫生。

6.5.6 沐浴温泉区应配备专职救生人员及相应救生设施。

6.6 淋浴区

6.6.1 应分设男、女淋浴区。
6.6.2 淋浴区内整洁明亮、通风良好、温度适宜。
6.6.3 淋浴区应进行防水处理，地面排水通畅，具有防滑功能。
6.6.4 淋浴区的喷头数量宜根据更衣室衣柜数的百分比，按表1的规定进行设置。相邻淋浴喷头的间距不小于0.9m。

表1 喷头数量的设置

衣柜数	喷头数量
0～30	≥15%
30～100	≥10%
100～300	≥8%
300以上	≥7%

6.6.5 浴室内应设有毛巾钩，水龙头冷热标识明显，并提供洗发水、沐浴露等洗浴用品。
6.6.6 应设置与营业场所面积和宾客容量相适应的卫生间。
6.6.7 工作人员应及时维护淋浴区清洁卫生，确保无杂物积存，无异味。

6.7 露天休息区

6.7.1 温泉池附近应设置供宾客休息的座椅、躺椅，应宾客要求提供饮品。
6.7.2 视季节和气候状况，应提供与营业场所主体设施格调、造型相协调的遮阳设施。

6.8 室内休息区

6.8.1 配备有座椅、茶几、影视、音响等设备，并设有杂志书架，服务员工作台。
6.8.2 可为宾客提供简单的餐饮服务。
6.8.3 在满足宾客基本休息需求且不影响整体氛围的前提下，可进行分区设计并提供保健理疗、网吧、书吧、茶室、棋牌室、台球室等配套服务。

6.9 公共卫生间

6.9.1 设置在营业区内，装饰与整体环境相一致，便于宾客使用。
6.9.2 数量、分布应与营业场所的面积和宾客容量相适应。
6.9.3 通风良好、温度适宜、照明合理、清洁明亮，地面平整防滑。
6.9.4 应设置男、女卫生间和供残疾人专用卫生间及专用通道。
6.9.5 公共卫生间内便器宜为蹲式，采用坐式的宜提供一次性卫生坐垫，应配备符合卫生要求的手纸。
6.9.6 公共卫生间内应有独立的排风设施，排风设施不得与集中空调管道相通。

6.10 停车场

6.10.1 设置在营业场所附近，其面积、车位与营业场所接待规模相适应。
6.10.2 地面平整，有车位及车辆出入标志和回车线。
6.10.3 宜设置停车场车位计数系统。
6.10.4 应有专职人员负责停车场管理及安全巡查工作。

6.11 配套服务区

6.11.1 配套服务区可选择性设置餐厅、客房、会议室、商场、歌厅、舞厅、儿童游乐场、水上游乐场、美容保健等设施设备。各类配套服务应符合国家相应法律法规。

6.11.2 配套服务区空间布局应方便宾客使用。

7 安全要求

7.1 游客安全

7.1.1 在适当位置设置监控设备，确保宾客人身及财产的安全。

7.1.2 对在温泉池区、水上游乐区和易发生事故的游乐项目，应有安全事项警示或进行必要的讲解和说明，确保宾客掌握安全要领，并在相关区域配备专职安全人员。

7.1.3 专职安全人员应采取定点监控和巡查监控的方式，密切关注安全状态，对宾客进行安全提示，及时纠正不符合安全要求的行为，排除安全隐患。

7.1.4 应设置急救设施，配备必要的药品和医疗器械，可为发生意外事故的宾客提供临时急救，并能及时转移到相关医疗单位。

7.2 设备与设施安全

7.2.1 购置的各种物品及设施、设备应符合国家有关标准要求并经国家法定部门检验合格。

7.2.2 特种设备的管理应符合特种设备相关法律、法规、标准和安全技术规范的要求。

7.3 消防安全

7.3.1 应符合相关消防安全法律、法规及相关标准要求。

7.3.2 明确专人对消防设施进行管理，定期检查，保证消防设施齐备完好。

7.3.3 紧急出口畅通无阻，标志明显，走廊通道畅通，并配有疏散指示标志等。

7.3.4 所有间隔和装饰材料应使用阻燃材料。

7.4 安全管理及救援

7.4.1 应制定安全管理制度并严格执行。

7.4.2 应制定高峰期人流控制方案及安全事故应急处理预案，并定期演练。

7.4.3 应进行例行安全检查并做好记录。

7.4.4 安装应急供电、供水系统，在主要通道和出入口设置应急照明设施。

8 卫生要求

8.1 空气质量要求

营业区内，室内空气质量应符合GB/T 18883的相应规定，室外空气质量应符合GB 3095中的二级标准。

8.2 水质卫生要求

8.2.1 应当经原批准的卫生行政部门验收合格后方可投入使用。

8.2.2 每年淡季时，每月至少保证一次水质卫生检验；旺季时，每月至少保证两次水质卫生检验。

8.2.3 在开放时间内应不间断补充新水，保证温泉池内的水质达到相应的卫生标准。

8.3 消毒设施要求

8.3.1 温泉场所的用品用具应符合WS 205的要求，检验方法按GB/T 18204.2、GB/T 18204.3、GB/T 18204.4、GB/T 18204.5、GB/T 18204.6、GB/T 18204.7、GB/T 18204.8、GB/T 18204.12执行。

8.3.2 提供公用饮具的温泉场所应设置专用的饮具清洗消毒间，消毒间内有上下水，设有不少于3个标记明显的水池；配备相应的消毒设备、消毒药物及容器；配备密闭饮具保洁柜并标记明显。

8.3.3 对浴巾、毛巾、浴衣裤等公用棉织品自行清洗消毒的温泉场所应设置专用的清洗消毒间，消毒间内有上下水，设有清洗、消毒水池且标记明显；配有清洗消毒设施或消毒药物及容器，配有毛巾、浴巾、垫巾、浴衣裤等专用密闭保洁柜且标记明显。

8.3.4 应设置公用拖鞋清洗消毒处，配备足够的拖鞋清洗消毒设施或消毒药物及容器。

8.3.5 提供修脚服务的温泉场所，应设置修脚工具消毒点，配置专用的紫外线消毒箱或高压消毒装置对修脚工具进行消毒。

8.4 卫生管理

8.4.1 应建立卫生责任制度和卫生检查制度。

8.4.2 各服务场所的通道及卫生设施应保持清洁无异味并定期消毒。

8.4.3 应合理设置公共垃圾箱（桶），提倡设置环保型垃圾箱（桶）。公共垃圾箱（桶）造型应与温泉旅游营业场所的主体设施相协调，应完好、有盖、表面干净无污渍。

8.4.4 定时做好卫生清扫工作，及时清运废弃物并统一定点处理，有效预防控制病媒虫害滋生。

8.4.5 建立自身检查与检测制度。对场所环境卫生状况、水质卫生状况、从业人员个人卫生、操作卫生等内容按《沐浴场所卫生规范》执行，定期进行自检并有记录。

8.4.6 对更衣室、浴室温度、照度、一氧化碳和二氧化碳浓度以及浴池水温度、浊度等定期进行自检并做好记录。

8.4.7 场所负责人及卫生负责人是传染病和健康危害事故报告责任人。

8.4.8 应建立场所安全卫生管理档案，存档时间不少于3年。

9 服务人员要求

9.1 基本要求

9.1.1 对宾客礼貌、热情、亲切、友好，一视同仁。

9.1.2 密切关注并尽量满足宾客的需求，高效率地对客服务。

9.1.3 遵守国家法律法规，保护宾客的合法权益。

9.1.4 尊重宾客的信仰与风俗习惯，不损害民族尊严。

9.2 仪容仪表

9.2.1 遵守仪容仪表规范，端庄、大方、整洁。

9.2.2 按规定着工装、佩工牌上岗。

9.2.3 服务过程中表情自然、亲切、热情适度，提倡微笑服务。

9.3 行为举止

9.3.1 语言文明、简洁、清晰，符合礼仪规范。

9.3.2 站、坐、行姿符合各岗位的规范与要求，有职业风范。

9.3.3 对宾客提出的问题应耐心解释，并设法解决，不推诿和应付。
9.3.4 不随便介入宾客谈话，不对宾客品头论足。

9.4 专业技能

9.4.1 专业岗位人员须持有相关资格证书。
9.4.2 熟悉并掌握本岗位业务知识、服务流程和操作技能，能按服务流程独立接待宾客。
9.4.3 直接为宾客提供服务的人员应具备基本的急救知识及技能。

9.5 人员卫生

9.5.1 直接为宾客提供服务的人员应身体健康，并持有“健康合格证明”和有关上岗证。
9.5.2 从业人员患有有碍公众健康疾病，治愈之前不得从事直接为顾客服务的工作。有疑似传染病患者应立即停止从业并及时进行健康检查，明确诊断。
9.5.3 从业人员应保持良好的个人卫生。

10 管理要求

10.1 应有员工手册。
10.2 应有企业组织机构图和部门组织机构图。
10.3 应有完善的规章制度、管理规范、岗位工作说明书、服务标准和操作程序。

11 质量监测与持续改进

11.1 内部监测

11.1.1 应制定服务质量监测制度，规定监测项目、方法、频次。
11.1.2 应严格执行监测制度，定期进行质量分析。

11.2 外部监测

11.2.1 建立服务监督机制，设意见簿（箱），主动接受监督，公布投诉电话号码。
11.2.2 设立旅游投诉处理机构或有专职人员负责处理投诉。建立投诉处理工作制度和投诉记录档案，认真及时地处理宾客投诉。
11.2.3 对宾客进行服务质量问卷调查，定期进行质量分析。

11.3 持续改进

11.3.1 应根据内外部监测结果，持续改进服务质量。
11.3.2 对照LB/T 016要求，积极提升服务质量等级。

ICS 03.200
A 12

LB

中华人民共和国旅游行业标准

LB/T 047—2015

旅游休闲示范城市

Demonstration City of Tourism and Leisure

2015-11-11 发布　　　　2015-12-01 实施

中华人民共和国国家旅游局　发布

前　　言

本标准依据GB/T 1.1—2009给出的规则起草。

本标准由全国旅游标准化技术委员会（SAC/TC 210）提出并归口。

本标准起草单位：国家旅游局综合协调司、中山大学旅游学院。

本标准主要起草人：张吉林、保继刚、熊山华、徐红罡、沈虹、李绘新、仲一鸣、刘锦宏、赵柯、张骁鸣、陈胜容、张辉、翁时秀、倪思斯。

引　言

为推动我国城市旅游休闲体系建设，提高国民旅游休闲质量，特制定本标准。

旅游休闲示范城市

1 范围

本标准规定了旅游休闲示范城市共有要素的要求。

本标准适用于全国范围内的旅游休闲城市。

2 规范性引用文件

下列文件对于本文件的应用是必不可少的。凡是注明日期的引用文件，仅注日期的版本使用于本文件。凡是不注日期的引用文件，其最新版本（包括所有修改单）适用于本文件。

GB 3095 环境空气质量标准

GB 3096 声环境质量标准

GB/T 10001.1 标志用公共信息图形符号 第1部分：通用符号

GB/T 10001.2 标志用公共信息图形符号 第2部分：旅游休闲符号

GB/T 17775—2003 旅游景区质量等级的划分与评定

GB/T 31381—2015 城市旅游集散中心等级划分与评定

HJ 633 环境空气质量指数（AQI）技术规定（试行）

LB/T 012 城市旅游公共信息导向系统设置原则与要求

LB/T 013 旅游景区公共信息导向系统设置规范

LB/T 019 旅游目的地信息分类与描述

LB/T 021 旅游企业信息化服务指南

3 术语和定义

下列术语和定义适用于本文件。

旅游休闲示范城市 demonstration city of tourism and leisure

旅游休闲示范城市是指旅游休闲功能突出、旅游休闲产业完善、旅游休闲环境和谐、能同时满足旅游者和本地居民的旅游休闲需求、在全国具有典型示范意义的城市。

4 要求

4.1 必备条件

4.1.1 政策与规划

以下条件至少应满足其一：

——有旨在促进旅游休闲业发展的地方政府文件或地方人大立法；

——过去十年内编制有旅游休闲总体规划；

——最新城乡总体规划中包含旅游休闲相关专题规划。

4.1.2 安全

前三年度未发生重大以上级旅游安全事故。

4.1.3 资源保护

申报前一年度，自然、人文旅游资源的保护管理工作未受到国家主管部门或联合国相关组织的警告（含）以上处罚。

4.1.4 空气质量

根据 GB 3095 和 HJ 633—2012，申报前一年度，空气质量指数（AQI）年优良天数比例高于 55%。

4.2 旅游休闲整体环境

4.2.1 地方经济发展水平

4.2.1.1 居民人均可支配收入应高于或等于同等级城市的平均水平。

4.2.1.2 城市基尼系数 G<0.4。

4.2.1.3 旅游经济发展水平

——旅游业收入的季节性强度指数 R 应<1.26；

——旅游业增加值占本地 GDP 比例应>3%；

——旅游业外汇收入占旅游总收入的比例应>1%；

——旅游业总就业人数占全市总就业人数的比例应>10%。

4.2.2 对外交通可进入性、便捷性、畅通性

4.2.2.1 城市一级商圈距离最近民用机场的公共交通车程宜在 1h 以内，距离最近高铁车站的公共交通车程宜在 45mins 以内，距离最近高速公路出口的公共交通车程宜在 30mins 以内。

4.2.2.2 机场、高铁车站、客运车站应有公共交通换乘接驳，便捷高效。

4.2.3 城市绿化水平

4.2.3.1 建成区绿化覆盖率应>33%。

4.2.3.2 城市绿地应分布合理。

4.2.4 旅游气候舒适度指数

4.2.4.1 常年旅游气候舒适度宜≥5。

4.2.4.2 最佳旅游季节气候舒适度宜≥7（冰雪旅游目的地除外）。

4.2.5 居民日常生活环境质量

4.2.5.1 生活垃圾无害化处理率应>85%，工业危险废弃物处置率应=100%，医疗危险废弃物处置率应=100%。

4.2.5.2 污水处理率应>75%。

4.2.5.3 空气质量指数（AQI）年优良天数宜>292 天每年。

4.2.5.4 水环境功能区水质达标率应>95%，且市区内无劣 V 类水体。

4.2.5.5 康复疗养区等特别需要安静的区域应低于 GB 3096 的 0 类限值，以商业金融、集市贸易为主要功能，或者居住、商业、工业混杂，需要维护住宅安静的区域应低于 GB 3096 的 2 类限值。

4.2.5.6 保证旅游环境的卫生清洁，主要旅游休闲公共场所保洁时间应不低于 8h。

4.2.6 景观与资源质量

4.2.6.1 宜拥有种类丰富、数量众多的城市旅游休闲资源，且具有适宜的游客接待量。
4.2.6.2 应积极保护风景名胜区、自然保护区、森林、湿地等自然景观资源。
4.2.6.3 应积极保护历史街区、历史建筑、古迹遗址等文物资源。
4.2.6.4 应积极保护非物质文化遗产。
4.2.6.5 城市宜拥有优美的整体空间景观、特色区景观及线性景观。

4.2.7 旅游休闲氛围

4.2.7.1 城市享受带薪休假人员的占比宜＞90%。
4.2.7.2 居民年人均市域外旅游次数应＞1 次。
4.2.7.3 居民年人均旅游花费在居民年人均可支配收入中的占比应＞4%。
4.2.7.4 城市旅游宣传口号应具有休闲内涵。

4.3 旅游休闲空间与产品

4.3.1 旅游休闲空间规划

4.3.1.1 城市规划文件中应明确各类旅游休闲空间的范围，其规模结构应与城市功能适宜。
4.3.1.2 应编制包含有城市公园、郊野公园、城市其他绿地等城市自然休闲活动空间，及城市广场、市民文化活动中心等城市文体活动公共空间，以及兼有商业开发价值的健身运动、传统民俗活动，乃至旅游休闲购物、美食酒吧、主题度假、文化创意、自然亲水等城市经营性休闲空间在内的旅游休闲总体规划。

4.3.2 城市自然休闲活动空间

4.3.2.1 当地居民与旅游者共有的自然休闲环境，应得到恰当的保护与开发，以适应城市旅游休闲发展的需要。
4.3.2.1.1 宜将城市最佳生态环境区域开辟为城市的公共休闲空间。
4.3.2.1.2 居民人均公园绿地面积应＞12.6m²，以便于本市居民与外来旅游者共享。
4.3.2.1.3 城市公园数量和布局应充分考虑规模与密度的配合，并尽可能地与本地文化呼应，以适应本市居民休闲和外来旅游者的需求。
4.3.2.1.4 郊野公园应积极提升其生态效益和文化效益，以提高游客的休闲满意度。
4.3.2.1.5 城市其他绿地，如森林、湿地、自然保护区等，应加强其环境的保护，并在保护第一的原则下，科学地开展休闲与旅游的综合利用。

4.3.3 城市文体活动公共空间

4.3.3.1 城市文化广场应布局合理，设有旅游休闲设施，加强管理，积极开展公益性文化活动，积极协调不同群体的使用权益。
4.3.3.2 应建设市民文化活动中心，积极开辟居民娱乐（包括演出、影视放映）、健身、阅读以及室内会议空间，优化布局，加强管理，积极开展公益性文化活动，积极协调不同群体的使用权益。
4.3.3.3 应建设居民社区文化休闲点，并开展多样化的休闲活动，有关部门应积极组织引导社区休闲活动。

4.3.4 城市经营性休闲空间

4.3.4.1 商业休闲空间应分布合理，旅游休闲氛围浓厚，旅游休闲配套便利。

4.3.4.2 传统民俗休闲空间应体现城市典型历史文化传统及民俗特点，并具备浓厚的旅游休闲氛围和便利的旅游休闲配套。

4.3.4.3 美食/酒吧休闲空间应体现城市饮食文化或现代时尚生活特征，并具备浓厚的旅游休闲氛围和便利的旅游休闲配套。

4.3.4.4 主题度假休闲空间应分布合理，并具备浓厚的旅游休闲氛围和便利的旅游休闲配套。

4.3.4.5 文化创意休闲空间应体现城市文化艺术品位，并具备浓厚的旅游休闲氛围和便利的旅游休闲配套。

4.3.5 空间连接性

4.3.5.1 旅游休闲空间之间应有旅游廊道连接，已连接的空间比例宜＞20%。

4.3.5.2 旅游休闲空间之间应有观光巴士等连接，已连接的空间比例宜＞20%。

4.3.6 旅游休闲产品

4.3.6.1 宜拥有种类丰富的旅游休闲产品。

4.3.6.2 宜通过官方旅游网站、宣传册或导游手册等方式，积极引导推广旅游休闲产品，各类旅游休闲产品应有市场经营企业。

4.3.6.3 文化部门登记在册的博物馆的人均拥有量应＞0.25个每10万人，体育场地的人均拥有量应＞12.45个每万人。

4.3.6.4 应拥有周期性举办的文化活动且举办过全国性或国际性文化活动，应拥有固定场所、固定档期和经常上演的演出，文化活动宜成为当地旅游宣传营销的内容之一。

4.3.6.5 应周期性举办市级以上（含市级）的休闲体育赛事（活动项目），且举办过全国性或国际性休闲体育赛事活动，体育赛事活动宜成为当地旅游宣传营销的内容之一。

4.3.7 旅游休闲商品与购物

4.3.7.1 应有丰富的本地品牌旅游商品。

4.3.7.2 地方政府应健全鼓励特色纪念品、手工艺品创新的机制，应拥有参加国家级旅游商品大赛的获奖作品和旅游商品研发基地。

4.3.7.3 旅游行政管理部门应投入扶持资金、普及旅游商品知识产权保护的相关法律知识、引导旅游企业保护知识产权。

4.3.7.4 旅游购物占游客出游总花费的比例应＞15%。

4.3.7.5 应有集中、便捷的购物街区，商品类型丰富，旅游购物环境良好。

4.3.8 夜间旅游休闲产品

4.3.8.1 应有相对集中的夜间休闲餐饮娱乐区，且营业时间满足旅游休闲者需求。

4.3.8.2 应有成熟的夜间旅游观光线路、夜间特色休闲游览项目。

4.4 旅游休闲基础设施与服务

4.4.1 旅游信息与咨询服务体系

4.4.1.1 应建有与城市规模相宜且布局合理的旅游集散中心，集散中心的等级划分符合 GB/T 31381—2015 中 4.1 的规定。

4.4.1.2 应设立旅游咨询服务中心，提供及时准确的咨询服务，并及时对外公布旅游休闲服务的相关信息及旅游安全风险信息等，或可兼具受理游客投诉的功能。

4.4.1.3 应设立便利、充足的旅游休闲咨询点，旅游咨询点能持续运营。

4.4.1.4 应推广智慧旅游。

4.4.1.4.1 主要景点和繁华地段无线通信网络顺畅。

4.4.1.4.2 主要景区、旅游街区、游客服务中心、交通站场均覆盖无线宽带网络。

4.4.1.4.3 主要景点应设有电子客票系统，实现游客流量监控。

4.4.1.4.4 可提供手机（移动）自助查询、预订、导游等服务。

4.4.1.4.5 旅游行政部门能实时分析使用智慧旅游数据。

4.4.1.5 应设有运营稳定、可实时查询的旅游咨询公共网站，在网站公示旅游咨询、投诉电话，且咨询、投诉渠道通畅。

4.4.1.6 应建有城市旅游休闲官方社交媒体平台。

4.4.1.7 旅游企业提供旅游信息化服务应达到LB/T 021的标准。

4.4.2 旅游休闲交通设施与服务

4.4.2.1 通往主要景区道路应通畅，宜与货运干道分开。

4.4.2.2 应建设城市慢行系统。

4.4.2.2.1 应设有公共自行车租车服务，租车收费合理，流程简易，自行车游线丰富。

4.4.2.2.2 应设有城市步行旅游线路，线路丰富、安全，便于使用。

4.4.2.3 主要景点和繁华地段应设有服务规范、收费合理的观光巴士或旅游专线车。

4.4.2.4 通往各景区的公共交通应换乘便捷，车况良好。

4.4.2.5 应提供便利的公共交通短期通票。

4.4.2.6 旅游停车场应与环境协调、车位充足、管理完善，4A级以上景区生态停车场的比例应≥30%。

4.4.2.7 清洁能源交通服务设施应合理分布，主要景区停车场应设有电动汽车充电桩。

4.4.3 旅游标识系统

4.4.3.1 通往机场、火车站、长途汽车客运站、客运码头的干道、主要街道及通往主要旅游区的道路上应设有道路标识系统。

4.4.3.2 城市自行车线路沿途应设有明确的线路标识引导系统。

4.4.3.3 步行线路沿途应设有明确的线路标识引导系统。

4.4.3.4 主要景区及旅游线路沿途站点应设有标识明显的公共厕所指示牌。

4.4.3.5 旅游饭店、旅游景区、国际会议中心、展览中心、旅游娱乐场所、旅游购物场所、旅游餐饮场所等，均应得到恰如其分的指引，应有明显的标识指示其所在地。

4.4.3.6 标识系统设置规范性应符合GB/T 10001.1、GB/T 10001.2、LB/T 012、LB/T 013、LB/T 019的要求。

4.4.4 旅游休闲住宿设施

4.4.4.1 星级饭店平均出租率宜：50%＜OR≤80%。

4.4.4.2 住宿设施类型丰富，能满足不同旅游者需求。

4.4.4.3 宜拥有一定数量的绿色饭店。

4.4.5 旅游休闲餐饮设施

4.4.5.1 应具有多元化的餐饮类型。

4.4.5.2 本地饮食文化特点突出，宜有传统老字号、特色小吃。

4.4.5.3　在旅游休闲活动相对集中的地区和场所，餐饮档次构成应合理。
4.4.5.4　景区及周边餐厅应合理分布。
4.4.5.5　餐饮经营者应严格执行食品卫生、保鲜等有关法规和标准，就餐环境应整洁。

4.4.6　公共厕所

4.4.6.1　在主要景区、旅游休闲街区、户外公共空间有合适的公共厕所。
4.4.6.2　公共厕所应分布合理。
4.4.6.3　男女分区的厕所：女厕与男厕厕位（含男用小便位）比应≥3:2。
4.4.6.4　厕所内部应清洁、无异味。
4.4.6.5　厕位应具有良好的遮挡性。
4.4.6.6　公共厕所应与周边景区环境协调。
4.4.6.7　高峰期应配有流动备用厕所。
4.4.6.8　社会单位厕所能向公众开放。

4.4.7　旅游安全保障系统

4.4.7.1　应向游客及市民宣传旅游安全知识。
4.4.7.2　目的地和旅游者经行地的危险处所，及可能产生不安全因素的地方，均应设有“危险”标志和指引避让或绕行的提示。
4.4.7.3　应依托短信、微博、微信等多种平台，建立旅游安全信息发布渠道，及时向游客发布警示信息和突发事件信息。
4.4.7.4　应设立旅游应急预案及应急响应系统，能对旅游突发事件进行指挥救援。

4.4.8　旅游休闲无障碍设施

4.4.8.1　主要景点和繁华地段均应提供无障碍设施。
4.4.8.2　主要景点和繁华地段的无障碍设施使用与管理情况良好。
4.4.8.3　主要景点、繁华地段及酒店应设有无障碍信息服务，景区应设有针对残疾人的旅游服务和旅游解说系统。
4.4.8.4　城市主要景点和繁华地段应设有残疾人停车位。
4.4.8.5　城市主要景点应提供残疾人轮椅、老年人手杖、童车。
4.4.8.6　应针对旅游服务人员进行无障碍服务技能培训。

4.5　推动旅游休闲政策落实的措施和旅游休闲管理体系

4.5.1　带薪年休假制度的落实

4.5.1.1　旅游行政管理部门应宣传普及旅游休闲知识。
4.5.1.2　应有落实职工休息权益的政策或文件。
4.5.1.3　城市人力资源和社会保障部门应定期监督、检查、通报市直机关与市属国有企业带薪年休假落实情况。
4.5.1.4　市直机关、市属企事业单位应制定、执行带薪年休假及弹性休假制度的操作办法。
4.5.1.5　应针对企业、非企业单位及有雇员的个体工商户等，制定职工休假的保障措施，有指导和帮扶的具体办法。

4.5.2　旅游休闲发展定位与规划

4.5.2.1　应将旅游业及休闲业纳入国民经济和社会发展规划。

4.5.2.2 城市宜设有旅游发展委员会，促进旅游休闲产业统筹协调、综合发展。

4.5.2.3 城市应将旅游休闲定位为重点发展的民生产业。

4.5.2.4 在城乡规划或旅游规划中提出全域旅游、全域休闲或其他类似理念，并有相应措施。

4.5.2.5 应统筹安排旅游休闲场地和设施用地，保障旅游产业用地需求。

4.5.2.6 能科学监测国民旅游休闲发展状况。

4.5.2.7 政府应给予相应政策，促进旅游与其他产业的融合。

4.5.3 旅游休闲企事业机构政策扶持

4.5.3.1 应扶持旅游产品创新。

4.5.3.2 应落实国家关于中小微企业的扶持政策。

4.5.3.3 应设有城市旅游形象专项宣传促销资金，保障国内外展览和文化节事等交流活动的组织与参与。

4.5.3.4 应制定有对非营利性的民间博物馆、文艺表演等的扶持政策。

4.5.3.5 应设有针对绿色旅游企业的扶持政策。

4.5.4 旅游休闲社会组织发展

4.5.4.1 宜拥有多样化的旅游休闲公益组织，并开展丰富的活动，服务社会。

4.5.4.2 宜拥有多样化的旅游休闲行业协会，并开展丰富的活动，促进行业发展。

4.5.5 旅游休闲公共教育发展

4.5.5.1 当地教育部门能推动落实国家关于中小学生研学旅游的相关政策。

4.5.5.2 爱国主义教育示范基地、科普教育基地、公共博物馆等应设立有面向中小学生的专门服务项目。

4.5.5.3 应将自然考察类课程作为中小学课程体系中独立开设的必修课程。

4.5.5.4 应开展不同形式的国民旅游休闲宣讲活动，引导休闲文化和休闲消费观念。

4.5.5.5 应引导文明的旅游休闲行为。

4.5.6 旅游休闲福利保障

4.5.6.1 公共博物馆、科普基地、纪念馆和爱国主义教育示范基地、城市休闲公园等应免费或限时免费开放。

4.5.6.2 旅游休闲景区门票价格应合理，对特殊群体实行减免门票等优惠政策。

4.5.6.3 实行政府定价的公园等国有资源景区，应保持相对稳定的门票价格；经济发达地区和有条件地区，宜逐步推行免票或低价票。

4.5.6.4 宜拥有免门票的5A、4A、3A级旅游景区，景区等级根据GB/T 17775—2003第4、5部分认定。

4.5.6.5 应鼓励有条件的单位向旅游者、居民开放休闲场所设施或设立旅游休闲开放日。

4.5.6.6 应对旅行社组织残疾人、老年人出游给予支持和奖励。

4.5.6.7 应针对残疾人和老年人发放旅游休闲优惠卡。

4.5.7 旅游休闲服务质量保障

4.5.7.1 旅游经营企业应严格按照《旅游法》要求提供旅游服务。

4.5.7.2 政府旅游主管部门应依法实施监督检查，以保障旅游市场的良好秩序。

4.5.7.3 应设立统一的旅游投诉受理机构，投诉渠道通畅、处理及时。

4.5.7.4 主要景区应实行旺季或节假日高峰门票预约制度。

4.5.7.5　各类公园等公共休闲空间，应在容量控制的基础上制定旺季游客疏导预案；应建立城市旅游预警机制，以保障游客安全。

4.5.7.6　应对旅游行业培训资金提供保障。

4.5.7.7　应设有面向旅游从业人员的培训基地或固定培训点，每年参与的培训天数应≥10天，从业人员中具有旅游相关专业学历或培训证书者应≥50%。

ICS 03.200
A 12

LB

中华人民共和国旅游行业标准

LB/T 007—2015
代替 LB/T 007—2006

绿色旅游饭店

Green hotel

2015-12-23 发布　　　　2016-02-01 实施

中华人民共和国国家旅游局　　发布

前　言

本标准依据GB/T 1.1—2009给出的规则起草。

本标准代替LB/T 007—2006，与LB/T 007—2006相比，除编辑性修改外，主要的技术变化如下：

——增加了八项规范性引用标准；

——删除了GB 12941景观娱乐用水水质标准；

——更新了GB 3096城市区域环境噪声标准的名称；

——修改了术语“绿色旅游饭店”和“绿色客房”；

——增加了术语“冷热电联供”“绿色餐饮”和“绿色采购”；

——删除了术语“绿色设计”“绿色食品”“有机食品”“环境标志”“绿色照明”“环境方针”和“环境绩效”；

——删除了“基本原则”的相关内容；

——增加了“管理的基本要求”为绿色饭店创建的必备条件；

——修改了绿色设计的条款名称和相关的内容；

——修改了能源管理的条款名称和相关的内容；

——修改了环境保护的条款名称和相关的内容；

——修改了降低物资消耗的条款名称和相关的内容；

——修改了提供绿色产品与服务的条款名称和相关的内容；

——修改了社会环境经济效益的条款名称和相关的内容；

——修改了绿色设计的条款名称和相关的内容；

——增加了绿色旅游饭店社会责任的相关条款。

本标准由国家旅游局提出，全国旅游标准化委员会归口。

本标准主要起草单位：国家旅游局、浙江省旅游局、浙江省饭店业协会、浙江工商大学。

本标准主要起草人：陆诤岚、徐霖、张海燕、叶建国、汪黎明、贾玫玫、李明星、洪建、吴健芬、杜觉详、刘仁强、沈伟明。

本标准所代替标准的历次版本发布情况为：

——LB/T 007—2006

绿色旅游饭店

1 范围

本标准规定了绿色旅游饭店的创建、实施、改进及评定要求。
本标准适用于任何要求创建绿色旅游饭店、实施和改进环境管理的饭店。

2 规范性引用文件

下列文件对于本文件的应用是必不可少的。凡是注日期的引用文件，仅所注日期的版本适用于本文件。凡是不注日期的引用文件，其最新版本（包括所有的修改单）适用于本文件。

GB 3096 声环境质量标准
GB 5749 生活饮用水卫生标准
GB 8978 污水综合排放标准
GB/T 12455 宾馆、饭店合理用电
GB 13271 锅炉大气污染物排放标准
GB 17167 用能单位能源计量器具配备和管理通则
GB 18483 饮食业油烟排放标准（试行）
GB/T 18883 室内空气质量标准（附英文版本）
GB/T 19001 质量管理体系 要求
GB/T 19095 生活垃圾分类标志
GB 19577 冷水机组能效限定值及能源效率等级
GB/T 23331 能源管理体系 要求
GB/T 24001 环境管理体系 要求及使用指南
GB 25502 坐便器用水效率限定值及用水效率等级
GB 50118 民用建筑隔声设计规范（附条文说明）
GB 50325 民用建筑工程室内环境污染控制规范
LB/T 018 旅游饭店节能减排指引
CJJ/T 102 城市生活垃圾分类及其评价标准（附条文说明）

3 术语和定义

下列术语和定义适用于本标准。

3.1

绿色旅游饭店 green hotel

以可持续发展为理念，坚持清洁生产、维护饭店品质、倡导绿色消费、合理使用资源、保护生态环境、承担社区与环境责任的饭店。

3.2

清洁生产　cleaner production

指不断采取改进设计、使用清洁的能源和原料、采用先进的工艺技术与设备、改善管理、综合利用等措施，从源头消减污染，提高资源利用效率，减少或者避免生产、服务和产品使用过程中污染物的产生和排放，以减轻或消除对人类健康和环境的危害。

3.3

冷热电联供　combined cooling, heating and power

通过能源的梯级利用，燃料通过热电联产装置将高品位能发电后，将其中的低品位能用于采暖、生活供热等用途的供热，这一热量也可以驱动吸收式制冷机，用于夏季的空调，从而形成冷热电三联供系统。

3.4

绿色消费　environmentally friendly consumption

指选择无污染、健康的产品，关注产品在生产、使用和废弃后对环境的影响，并关注废弃物处理的消费行为。

3.5

绿色客房　green room

指室内环境满足人体健康要求，设施品质高，智能化程度高，能源、资源利用率高的客房。

3.6

绿色餐饮　environmentally friendly food and beverage service

指提供安全、健康、高品质的食品和用餐环境，无食物浪费，并对厨余垃圾安全处置的餐饮服务。

3.7

绿色采购　environmentally friendly procurement

指实施供应商环境影响评价，优先购买对环境影响小的产品，促进企业环境行为改善的采购行为。

4　基本要求

4.1　环境管理要求

4.1.1　饭店在运营管理中应遵守环保、节能、卫生、防疫、规划等方面的法律法规和其他要求，承诺污染预防并持续改进饭店的环境绩效。

4.1.2　饭店应构建有实施绿色旅游饭店的创建与管理的组织体系，开展培训并创造能使员工充分参与创建与管理绿色旅游饭店的内部环境。

4.1.3　饭店应制定绿色旅游饭店的环境方针和目标指标，建立并实施有关环保、节能、污染预防以及倡导绿色消费、绿色采购等方面的规章制度和管理要求。

4.1.4　饭店应因地制宜、形式多样地开展绿色旅游饭店的宣传、推广活动，鼓励饭店消费者、供应商参与绿色旅游饭店的实施工作。

4.2 环境质量要求

4.2.1 饭店锅炉大气污染物排放应符合 GB 13271。
4.2.2 饭店厨房排烟应符合 GB 18483。
4.2.3 饭店污水排放应符合 GB 8978。
4.2.4 饭店垃圾分类及管理应符合 CJJ/T 102。
4.2.5 饭店噪声排放应符合 GB 3096。
4.2.6 饭店新建、改建工程后，室内空气质量应符合 GB 50325。运营中的饭店，室内空气质量应符合 GB/T 18883。
4.2.7 饭店能源计量系统应符合 GB 17167。
4.2.8 饭店在一年内未出现重大环境污染事故，无环境方面的投诉。

5 设计要求

5.1 环境设计

5.1.1 饭店建设应有环境影响评价。
5.1.2 饭店选址和设计应保留和利用地形、地貌、植被和水系，保护生态系统和文化景观。
5.1.3 饭店内外应有良好的绿化设计。

5.2 绿色建筑设计

5.2.1 饭店应对建筑材料和结构体系进行选择和评估，有对建筑的体量、体形、平面布局、外围护结构进行节能设计，减少建筑能耗。
5.2.2 饭店应积极采用太阳能、风能、生物质能和地热等再生能源。
5.2.3 饭店应积极利用周边企业余热、废热；采用冷热电联供、集中供热等能源利用方式。
5.2.4 饭店应充分考虑建筑的热、声、光环境以及室内空气质量，综合设计、配置设备，创造舒适、健康的室内环境。饭店室内温度、照度水平符合 GB/T 12455，噪声水平符合 GB 50118。
5.2.5 饭店应有节水系统设计，降低水资源消耗。坐便器符合 GB 25502。

6 能源管理要求

6.1 基础管理

6.1.1 饭店应建立耗能设备分类与计量仪表台账。
6.1.2 饭店应建立能源统计、分析工作制度，定期编制能源使用的分析、改进报告。
6.1.3 饭店应建立能源管理制度和设备操作规范。
6.1.4 饭店应建立能源使用的培训制度。

6.2 使用管理

6.2.1 饭店所有设备应得到正确的使用和良好的维护，保持设备运行正常、能耗正常。
6.2.2 饭店的各项操作规程应得到持续的改进，以减少操作中能源的浪费。
6.2.3 饭店应及时更新陈旧、低效、高能耗设备，采用合同能源管理模式开展节能技术改造。
6.2.4 饭店应优化能源结构，降低单位综合能耗水平和综合能耗费用。
6.2.5 饭店应不断提高能源使用管理的技术手段，实现能源使用管理的系统化、智能化。

7 资源使用管理要求

7.1 水资源使用管理

7.1.1 饭店各部门和各台大型用水设备应建立用水标准，节约用水。
7.1.2 饭店应改进操作过程，建立用水规范，杜绝水资源浪费。
7.1.3 饭店应采用各种水资源再利用措施或技术。

7.2 原材料消耗管理

7.2.1 饭店应减少各类纸张的使用量，积极采用各种替代措施或减量措施。
7.2.2 饭店办公用品应按需使用，提高办公智能化水平。
7.2.3 饭店餐饮食品原材料应按需分类分质有效利用，减少浪费。
7.2.4 饭店工程零配件、装修材料等应按需使用，充分利用。
7.2.5 饭店洗涤剂、清洁剂的使用应设立使用标准，配置量具或相应设备，严格按标准剂量使用。

7.3 客用物品消耗管理

7.3.1 饭店客房用棉织品应在满足客人要求的前提下，减少更换和洗涤次数。
7.3.2 饭店应减少客房内一次性消耗品的使用。
7.3.3 饭店应积极采取生态、环保型材料制作的客房物品。

7.4 资源回收利用

7.4.1 饭店各种废弃的物品应建立分类回收制度，实施分类回收。
7.4.2 饭店应采取各种措施，实现废弃物品的再利用。无法实现再利用的废弃物品，应妥善管理，交由合法组织回收处理。

8 污染预防与控制

8.1 大气污染物排放控制

8.1.1 饭店应不使用以破坏臭氧层物质为工质的各类消防、制冷设备。
8.1.2 饭店应改进能源结构，对锅炉排烟进行处理，减少形成酸雨的硫氧化物、氮氧化物的排放，减少二氧化碳等温室气体的排放。
8.1.3 饭店应安装厨房油烟净化设备，减少油烟排放。

8.2 水污染物排放控制

8.2.1 饭店厨房应设置隔油池，定期清理，运行正常。
8.2.2 饭店各类污水处理设备应完善并运行正常。
8.2.3 饭店未进入城市污水管网的污水排放应通过专门的污水处理达到一级排放标准。

8.3 垃圾房的设置和管理

8.3.1 饭店应设置专门的垃圾房临时存放垃圾；垃圾房应为封闭式空间，并有垃圾污水排放及处理设施。
8.3.2 饭店垃圾桶分类、标识清楚，应符合 GB/T 19095。
8.3.3 饭店应建立垃圾分类、储存、运输管理制度并严格执行。

8.4 有毒有害废弃物管理

8.4.1 饭店应建立有毒有害废弃物清单和回收程序，并有妥善的存放措施。
8.4.2 饭店有毒有害废弃物应由合法的专业机构回收处理。

8.5 厨余废弃物管理

8.5.1 饭店厨房废油应专门收集，交由合法机构回收处理，不能直接排放。
8.5.2 饭店厨余垃圾和餐厅剩余的食品垃圾应交由专门机构回收处理，或自行无污染处理。

8.6 植物养护剂和虫害防治药品管理

8.6.1 饭店植物养护剂和虫害防治药品应有专人管理，记录清楚。
8.6.2 饭店植物养护过程应在室外或专门的场所中进行，养护过程完成后才能放置在室内。
8.6.3 饭店虫害防治药品的投放和使用应符合使用规范并对客人有专门的告示。

9 产品与服务提供

9.1 安全食品

9.1.1 饭店应建立食品检验制度，提供安全、无污染食品，如绿色食品、无公害食品、有机食品等。
9.1.2 饭店食品原材料加工场所应符合卫生要求，有相应的消毒、更衣、盥洗、采光、照明、通风防腐、防尘、防蝇、防鼠、洗涤、污水排放、存放垃圾和废弃物的设施。
9.1.3 饭店食品存放、加工设备应设置合理，防止食品交叉污染或受到其他物品污染。
9.1.4 饭店各类餐具、饮具应洗净、消毒，并保持清洁。
9.1.5 饭店过期食品应及时处理。

9.2 绿色客房

9.2.1 客房室内空气质量优良，无异味，无装修材料污染。客房新风、排风系统有效，客房新风量每小时30～50立方米。
9.2.2 客房有良好的隔噪处理，室内噪声低于35分贝。室内设备无噪声排放。
9.2.3 客房可放置利于改善室内环境的植物。
9.2.4 客房提供优质饮用水；提供优质、恒温、压力适宜的盥洗用水。
9.2.5 客房提供优质照明。
9.2.6 客房室内设备运行，如中央空调、照明等应实现智能化控制，并方便客人使用。
9.2.7 客房采用建筑遮阳技术和自然通风。
9.2.8 客房有室内环境质量信息，棉织品更换、物品减量使用方面的告示。提供环保读物，提升客人环保理念。
9.2.9 客房楼层电梯应有新风系统。
9.2.10 饭店可设置自助服务区，如公共洗衣机、熨烫服务区、自助售货机等。

9.3 绿色餐厅

9.3.1 餐厅设施应定期清洁、消毒，符合《公共场所卫生管理条例》的要求。
9.3.2 餐厅空气质量优良，无异味，通风良好。

9.3.3　餐厅明档应配备有有效的排油烟装置。
9.3.4　餐厅不加工、销售野生保护动物。
9.3.5　餐厅装饰用植物无污染。
9.3.6　餐厅服务应严格操作规范，确保食品质量和服务人员个人卫生符合标准。
9.3.7　餐厅可提供适量点餐服务，按需配置食品分量，减少浪费。
9.3.8　餐厅可提供打包、存酒等服务。
9.3.9　餐厅应不提供一次性餐具（打包服务除外）。

10　安全与员工健康管理

10.1　安全管理

10.1.1　饭店应识别安全隐患，建立火灾、人员伤亡、电梯困人、泳池溺水、设备伤害等突发事件的应急处理预案，定期进行演练，确保紧急状态下应急预案的有效实施。
10.1.2　饭店特种设备应由专人管理，操作人员应经过专门的培训。特种设备应按照规范操作。
10.1.3　饭店客用设施应定期维护检查，确保安全。应识别客用设施中的安全隐患，及时排除纠正。
10.1.4　饭店公共区域的作业施工，应设置围护，并有明显的告示，作业时应有专人管理。
10.1.5　饭店监控设施应完善、有效。

10.2　员工健康管理

10.2.1　饭店应做好员工工作防护，对接触各类化学品、各类有毒有害污染物的员工，应建立完善的防护措施。
10.2.2　饭店应为员工提供环境良好的休息、用餐场所。
10.2.3　饭店可设立员工心理辅导站，维护员工心理健康。

11　社会责任

11.1　绿色理念宣传

11.1.1　饭店应通过各种措施和渠道向顾客传播绿色理念，提高顾客的环保意识。
11.1.2　饭店应定期发布绿色旅游饭店创建成效。
11.1.3　饭店可采取奖励、优惠等措施引导顾客参与饭店绿色计划。

11.2　绿色采购

11.2.1　饭店应选择合格供应商提供的产品和服务，拒绝使用损害环境的供应商提供的产品。
11.2.2　饭店宜优先选择提供环保型产品的供应商。
11.2.3　饭店应积极与供应商协商，在产品包装、物流、仓储等环节降低消耗、减少环境污染。

11.3　社区服务

11.3.1　饭店应参与社区的各种公益活动，协调饭店与社区的关系，减少饭店运行对社区居民的影响。
11.3.2　饭店应参与社区环境改善活动。
11.3.3　饭店可对社区居民开放公共活动设施。

11.3.4 饭店应开展社区环境保护宣传，提升公众环保意识。

11.4 环境绩效改善

11.4.1 饭店应按照 GB/T 23331 建立能源管理体系，单位综合能耗水平逐年下降或达到 LB/T 018 中的先进指标。
11.4.2 饭店应按照 GB/T 19001 建立质量管理体系，按照 GB/T 24001 建立环境管理体系。
11.4.3 饭店主营业务收入与用水量和消耗品使用量的比例应逐年下降或与上年持平。

12 划分与评定

12.1 划分与参评资格

12.1.1 绿色旅游饭店分为金树叶级和银树叶级两个等级。金树叶级应达到附录 A“表 A.2 评定项目检查表”240 分及以上，银树叶级应达到附录 A“表 A.2 评定项目检查表”180 分及以上。
12.1.2 全国范围内，正式开业一年以上，并满足附录 A 要求的饭店具有参加评定的资格。

12.2 评定机构和权限

12.2.1 全国旅游星级饭店评定机构统筹负责绿色旅游饭店的组织、领导、评定工作，制定评定工作的实施办法和评定细则，授权、督导省级以下旅游星级饭店评定机构开展绿色旅游饭店的评定工作，保有对各级旅游星级饭店评定机构所评绿色旅游饭店的否决权，并接受国家旅游局指导和监督。
12.2.2 省、自治区、直辖市旅游星级饭店评定机构按照全国旅游星级饭店评定机构的授权和督导，组织本地区绿色旅游饭店的评定与复核工作，保有对本地区下级旅游星级饭店评定机构所评绿色旅游饭店的否决权。同时，负责将本地区所评绿色旅游饭店的批复和评定检查资料上报全国旅游星级饭店评定机构备案。评定机构应吸收相关专业技术部门代表参加，并接受各省、自治区、直辖市旅游局指导和监督。
12.2.3 其他城市或行政区域旅游星级饭店评定机构按照全国旅游星级饭店评定机构的授权和所在地区省级旅游星级饭店评定机构的授权，实施本地区绿色旅游饭店的推荐、评定和复核工作。同时，负责将本地区绿色旅游饭店的推荐或评定检查资料上报省级旅游星级饭店评定机构。评定机构应吸收相关专业技术部门代表参加，并接受各城市或行政区域旅游局指导和监督。

12.3 评定程序

12.3.1 饭店向所在城市或行政区域旅游星级饭店评定机构提交评定申请报告及数据表单。
12.3.2 饭店所在城市或行政区域旅游星级饭店评定机构向省级旅游星级饭店评定机构推荐申报饭店，或根据授权对申报饭店进行评定，并将有关评定检查情况上报省级旅游星级饭店评定机构备案。
12.3.3 省级旅游星级饭店评定机构对申报饭店进行评定。
12.3.4 评定后，达到标准要求的予以通过并公告，同时，上报全国旅游星级饭店评定机构备案，并由全国旅游星级饭店评定机构颁发绿色旅游饭店证书及标志牌。未达到标准要求的，不予通过。

12.4 标志管理

12.4.1 绿色旅游饭店标志实行自愿申请，强制管理制度。
12.4.2 经评定的绿色旅游饭店授予相应的标志，并颁发证书。

12.4.3　绿色旅游饭店标志牌由全国旅游星级饭店评定机构统一制作、核发。

12.4.4　经评定的绿色旅游饭店，由省级旅游星级饭店评定机构每五年复核一次。复核结果上报全国旅游星级饭店评定机构备案。

12.4.5　标志的有效期为五年（自颁发证书之日起计算）。

12.4.6　凡标志使用有效期满而不继续申请的，视为放弃标志使用。

附 录 A
（规范性附录）
绿色旅游饭店评定细则

表A.1 必备项目检查表

序号	项目	是否达标
1	环境管理要求	
1.1	饭店在运营管理中应遵守环保、节能、卫生、防疫、规划等方面的法律、法规和其他要求。	
1.2	饭店承诺污染预防并持续改进饭店的环境绩效。	
1.3	饭店设置有实施绿色旅游饭店的创建与管理的组织体系，并创造能使员工充分参与创建与管理绿色旅游饭店的内部环境。	
1.4	饭店制定并实施绿色旅游饭店的创建与管理培训计划。	
1.5	饭店制定有绿色旅游饭店的环境方针和目标指标。环境方针应描述清楚，目标指标应可行。	
1.6	饭店建立并实施有关环保、节能、污染预防以及倡导绿色消费、绿色采购等方面的规章制度和管理要求。	
1.7	饭店应因地制宜、形式多样地开展绿色旅游饭店的宣传、推广活动，鼓励饭店消费者、供应商参与绿色旅游饭店的实施工作。	
2	环境质量要求	
2.1	饭店锅炉大气污染物排放应符合《锅炉大气污染物排放标准》。	
2.2	饭店厨房排烟应符合《饮食业油烟排放标准（试行）》。	
2.3	饭店污水排放应符合《污水综合排放标准》。	
2.4	饭店垃圾分类及管理应符合《城市生活垃圾分类及其评价标准》。	
2.5	饭店噪声排放应符合《声环境质量标准》。	
2.6	新建、改建饭店或饭店实施局部改造装修工程后，室内空气质量应符合《民用建筑工程室内环境污染控制规范》，运营中的饭店，室内空气质量应符合《室内空气质量标准（附英文版本）》。	
2.7	饭店能源计量系统应符合《用能单位能源计量器具配备和管理通则》。	
2.8	饭店不出售、不加工以野生保护动物为原料的食品。	
2.9	饭店在一年内未出现重大环境污染事故，无环境方面的投诉。	

表A.2 评定项目检查表

	本标准总分为300分。	各大项得分汇总栏	各分项得分汇总栏	各次分项得分汇总栏	各小项得分汇总栏	其他城市或行政区域旅游星级饭店评定机构	省、自治区、直辖市旅游星级饭店评定机构	全国旅游星级饭店评定机构
	绿色旅游饭店（金树叶级）：达到240分							
	绿色旅游饭店（银树叶级）：达到180分							
1	绿色设计	35						
1.1	环境设计		13					
1.1.1	饭店建设前进行环境影响评价			2				
1.1.2	饭店选址和设计能保留和利用地形、地貌、植被和水系等生态系统			3				
1.1.3	饭店的选址和设计能保护当地的文化景观、传承文化特色			2				
1.1.4	饭店绿化采用本地物种，并保护生物多样性			1				
1.1.5	良好的外围、庭院绿化设计，与周边植被环境相协调			2				
1.1.6	室外绿化系统具有维护或改善水质的功能			1				
1.1.7	良好的室内绿化设计，与室内环境相协调			1				
1.1.8	室内绿化对室内空气质量无害			1				
1.2	建筑设计		7					
1.2.1	饭店建筑通过绿色建筑认证			5				
	饭店对建筑材料和结构体系进行选择和评估，有对建筑体量、体形、外围护结构进行节能设计				2			
1.2.2	饭店功能及空间布局符合使用要求，并利于减少使用中的能源消耗			2				
1.3	新能源、再生能源利用的设计		5					
1.3.1	饭店设计有新能源或可再生能源系统，并正常运行			3				
	新能源或再生能源系统提供的能源总量占饭店总能源消耗量的10%（含）以上				3			
	新能源或再生能源系统提供的能源总量占饭店总能源消耗量的5%～10%				2			
	饭店有新能源或再生能源利用项目				1			
1.3.2	饭店有周边企业或设备废热、余热、集中供热（非集中供热地区）利用项目			2				
1.4	节水设计		10					
1.4.1	有雨雪水收集利用系统			2				
1.4.2	坐便器符合用水效率1级标准			2				
1.4.3	所有水龙头出水量、水压、水质符合使用要求			2				

续表

		各大项得分汇总栏	各分项得分汇总栏	各次分项得分汇总栏	各小项得分汇总栏	其他城市或行政区域旅游星级饭店评定机构	省、自治区、直辖市旅游星级饭店评定机构	全国旅游星级饭店评定机构
	本标准总分为300分。							
	绿色旅游饭店（金树叶级）：达到240分							
	绿色旅游饭店（银树叶级）：达到180分							
1.4.4	有中水系统设计			2				
1.4.5	有废水循环利用等减少用水量的设计和措施			2				
2	能源管理	59						
2.1	能源基础管理		21					
2.1.1	系统建立能耗设备分类台账			2				
2.1.2	安装能源计量系统			10				
	电力计量系统中各部门、各区域、各楼层以及重要耗能设备均安装计量仪表				2			
	给水计量系统中各部门、各区域、各楼层以及重要耗能设备、较长的输水管线均安装计量仪表				2			
	采暖、制冷计量系统中各区域、重要用能设备均安装计量仪表				2			
	建立能源计量仪表台账并有准确的记录				1			
	设置远程抄表系统				3			
2.1.3	建立能源统计工作制度，每月有全面的能耗分析报告			2				
2.1.4	能源管理体系			4				
	能源管理体系完善				4			
	建立能源管理制度和设备，操作规范				2			
2.1.5	建立能源使用培训、宣传制度			1				
2.1.6	设立专职的能源管理岗位			1				
2.1.7	员工持有节能环保方面的相关培训证书			1				
2.2	能源使用管理		9					
2.2.1	饭店设备运行能耗正常，无“跑冒滴漏”			2				
2.2.2	调整、创新饭店操作规程以减少能源浪费			2				
2.2.3	能源使用采用智能化管理			4				
	能源使用采用自动化管理				2			
2.2.4	建立饭店各场所温度、湿度、照度标准，并严格执行			1				
2.3	节能改造		29					
2.3.1	实施合同能源管理项目			2				
2.3.2	实施冷热电联供技术项目			3				
2.3.3	照明系统节能			6				
	灯具总数80%以上采用高效、节能的新光源，且照明良好，光线充足，与饭店整体氛围协调，得2分，80%以下50%以上采用的得1分				2			

续表

	本标准总分为300分。 绿色旅游饭店（金树叶级）：达到240分 绿色旅游饭店（银树叶级）：达到180分	各大项得分汇总栏	各分项得分汇总栏	各次分项得分汇总栏	各小项得分汇总栏	其他城市或行政区域旅游星级饭店评定机构	省、自治区、直辖市旅游星级饭店评定机构	全国旅游星级饭店评定机构
	采用智能照明控制系统得2分，采用照明自动控制系统得1分				2			
	公共区域照明采用分路、分区域控制				2			
2.3.4	中央空调系统节能			14				
	饭店采暖锅炉运行能效≥80%得3分，饭店采暖锅炉运行能效≥60% 得1分(采用集中供热，全部给分)				3			
	冷水机组符合《冷水机组能效限定值及能源效率等级》中能效限定值的要求，能源效率等级在2级以上（含2级）				2			
	中央空调流量系统采用变流量调节技术				1			
	冷热媒水进出口温差根据饭店实际空调负荷进行调节，并有相应记录				1			
	空气集中处理机采用变风量调节技术				1			
	余热回收利用				2			
	热泵技术使用（空气源热泵、地源热泵、污水源热泵、水环热泵等）				2			
	建筑一体化光伏系统				2			
2.3.5	电梯系统			4				
	电梯相对集中设置，采用智能控制方式得2分，采用群控方式得1分				2			
	电梯电机拖动系统采用变频器调速或其他节能设计				2			
3	资源管理	37						
3.1	水资源使用管理		10					
3.1.1	各部门和各台大型用水设备建立用水标准			1				
3.1.2	饭店各部门有节约用水规范			1				
3.1.3	饭店二次供水水箱定期清洗并建立台账			2				
3.1.4	饭店定期进行漏水检测或进行水平衡测试			1				
3.1.5	饭店员工设施用水有计量、有收费			1				
3.1.6	饭店有对宾客节约用水的宣传告示			1				
3.1.7	饭店有中水系统并运行正常或利用公共中水系统			2				
3.1.8	实施局部废水回用，回用的废水量占总用水量的5%以上			1				
3.2	纸张及办公用品消耗管理		7					
3.2.1	采用办公自动化系统（OA）			2				
3.2.2	采用无纸化入住登记等对客服务系统			2				
3.2.3	有减少纸张使用量的其他措施（1项1分，满分2分）			2				

续表

	本标准总分为300分。 绿色旅游饭店（金树叶级）：达到240分 绿色旅游饭店（银树叶级）：达到180分	各大项得分汇总栏	各分项得分汇总栏	各次分项得分汇总栏	各小项得分汇总栏	其他城市或行政区域旅游星级饭店评定机构	省、自治区、直辖市旅游星级饭店评定机构	全国旅游星级饭店评定机构
3.2.4	办公用品有详细的领用记录和节约使用的措施			1				
3.3	客房物品消耗管理		6					
3.3.1	客房棉织品更换符合《旅游饭店星级的划分与评定》标准的要求			1				
3.3.2	客房一次性消耗品简化包装，减量使用			2				
3.3.3	使用生态、环保型材料制作的客房物品			2				
3.3.4	客房物品提供方式有明确的对客告示或说明			1				
3.4	食品原材料消耗管理		3					
3.4.1	食品原材料的存放和领用有详细的记录			1				
3.4.2	食品原材料在饭店内部实施分等级利用方式，减少食品原材料的浪费			2				
3.5	工程材料消耗管理		3					
3.5.1	工程材料的存放和领用有详细的记录			1				
3.5.2	工程材料有再利用的设计或方法（1项1分，满分2分）			2				
3.6	各类清洁剂使用管理		4					
3.6.1	各类清洁剂、洗涤剂均有使用标准，并配置有量具或相应的设备，有独立仓库			1				
3.6.2	有各类清洁剂、洗涤剂的使用统计及减量化措施（1项1分，满分2分）			2				
3.6.3	采用生态、环保型清洁剂			1				
3.7	资源回收利用		4					
3.7.1	建立废弃物品分类回收制度并有效实施			2				
3.7.2	有废弃物品再利用的措施			1				
3.7.3	有与合法物品回收商的关于物品回收的合同			1				
4	污染预防与控制	36						
4.1	大气污染物排放控制		6					
4.1.1	实施锅炉排烟处理，减少硫氧化物、氮氧化物的排放（无锅炉给全分）			2				
4.1.2	实施厨房油烟净化处理			2				
4.1.3	饭店不使用以破坏臭氧层物质为工质的消防设备			1				
4.1.4	饭店不使用以破坏臭氧层物质为工质的制冷设备			1				

续表

	本标准总分为300分。 绿色旅游饭店（金树叶级）：达到240分 绿色旅游饭店（银树叶级）：达到180分	各大项得分汇总栏	各分项得分汇总栏	各次分项得分汇总栏	各小项得分汇总栏	其他城市或行政区域旅游星级饭店评定机构	省、自治区、直辖市旅游星级饭店评定机构	全国旅游星级饭店评定机构
4.2	水污染物排放控制		8					
4.2.1	饭店污水接入城市污水管网并符合排放标准(未进入城市污水管网的污水排放必须配备污水处理设施,经过处理达到一级排放标准，否则此项不得分）			4				
4.2.2	各类污水处理设备完善并运行正常			2				
4.2.3	厨房设置隔油池，定期清理，运行正常			2				
4.3	垃圾房的设置和管理		8					
4.3.1	饭店设置专门的垃圾房临时存放垃圾			1				
4.3.2	饭店垃圾房为封闭式空间，有垃圾污水排放及处理系统			2				
4.3.3	饭店垃圾房有温度控制系统			2				
4.3.4	垃圾桶标示正确，符合《生活垃圾分类标志》的要求			1				
4.3.5	垃圾分类正确			1				
4.3.6	饭店建立有垃圾分类、储存的管理制度并严格执行			1				
4.4	有毒有害废弃物管理		4					
4.4.1	对饭店有毒有害废弃物进行识别			2				
4.4.2	有毒有害废弃物妥善存放，委托专门机构回收处理			2				
4.5	厨余废弃物管理		5					
4.5.1	厨房废油专门收集，交由专门机构回收处理			1				
4.5.2	地沟油交由专门机构回收处理			2				
4.5.3	厨余垃圾和餐厅剩余的食品垃圾自行无污染处理			2				
	厨余垃圾和餐厅剩余的食品垃圾交由专门机构回收处理				1			
4.6	植物养护剂和虫害防治药物控制		5					
4.6.1	植物养护剂和虫害防治药品有专人管理，有记录			1				
4.6.2	室内植物养护过程应在室外或专门的场所中进行			1				
4.6.3	室外植物养护严格控制养护剂和虫害严格按照药物的使用剂量使用			1				
4.6.4	虫害防治药品的投放和使用建立有使用规范			1				
4.6.5	虫害防治药品的投放有专门的对客告示和记录			1				
5	产品与服务提供	52						
5.1	食品采购和提供		14					
5.1.1	绿色食品采购			6				
	自建绿色、有机食品基地				2			
	有定点的绿色、有机食品采购基地				2			
	绿色、有机食品有完善的采购合同和证书				2			

续表

	本标准总分为300分。 绿色旅游饭店（金树叶级）：达到240分 绿色旅游饭店（银树叶级）：达到180分	各大项得分汇总栏	各分项得分汇总栏	各次分项得分汇总栏	各小项得分汇总栏	其他城市或行政区域旅游星级饭店评定机构	省、自治区、直辖市旅游星级饭店评定机构	全国旅游星级饭店评定机构
5.1.2	建立食品污染物检验制度，有专人负责			2				
5.1.3	建立规范的食品清洗流程和洁净度标准			1				
5.1.4	食品原材料加工场所符合卫生要求，有相应的消毒、更衣、盥洗、采光、照明、通风防腐、防尘、防蝇、防鼠、洗涤、污水排放、存放垃圾和废弃物的设施			2				
5.1.5	食品存放、加工设备设置合理，能防止食品交叉污染或受到其他物品的污染			1				
5.1.6	储存食品的容器安全、清洁			1				
5.1.7	食品冷藏设备运行正常，食品存放符合要求			1				
5.2	绿色客房		22					
5.2.1	室内空气质量优良，无异味（PM2.5达到指标）			2				
5.2.2	客房新风系统有效，客房新风量为每小时30～50立方米			2				
5.2.3	客房卫生间为集中排气系统			2				
	客房卫生间排气系统有效				1			
5.2.4	室内有良好的隔噪处理，室内噪声低于35分贝			2				
5.2.5	室内设备无噪声排放，提供无噪声冰箱、恭桶，空调出风口的减噪处理等			1				
5.2.6	提供利于改善室内环境的植物			1				
5.2.7	客房提供饮用水洁净设备			2				
5.2.8	提供优质、恒温、压力适宜的盥洗用水			1				
5.2.9	客房照明系统设计良好，照度满足使用要求			1				
5.2.10	室内设备运行，如中央空调、照明等实现智能化控制，并方便客人使用			3				
5.2.11	客房采用建筑遮阳技术和自然通风			2				
5.2.12	与客人有效沟通，有室内环境质量信息，棉织品更换、物品减量使用方面的告示			1				
5.2.13	提供环保读物，提升客人环保理念			1				
5.2.14	客房楼层电梯有新风系统			1				
5.3	绿色餐厅		8					
5.3.1	餐厅设施定期清洁、消毒，符合《公共场所卫生管理条例》的要求			2				
5.3.2	餐厅空气质量优良，无异味，通风良好			2				
5.3.3	餐厅明档配备有良好的排油烟装置			1				

续表

	本标准总分为300分。 绿色旅游饭店（金树叶级）：达到240分 绿色旅游饭店（银树叶级）：达到180分	各大项得分汇总栏	各分项得分汇总栏	各次分项得分汇总栏	各小项得分汇总栏	其他城市或行政区域旅游星级饭店评定机构	省、自治区、直辖市旅游星级饭店评定机构	全国旅游星级饭店评定机构
5.3.4	不加工、销售野生保护动物			2				
5.3.5	餐厅装饰用植物无污染			1				
5.4	服务提供		8					
5.5.1	服务人员个人卫生符合标准			2				
5.5.2	食品质量符合标准			2				
5.5.3	提供适量点餐服务，按需配置食品分量，减少浪费			1				
5.5.4	餐厅提供打包、存酒等服务			1				
5.5.5	餐厅不提供一次性餐具（除打包服务外）			1				
5.5.6	设置自助服务区			1				
6	安全与员工健康管理	25						
6.1	设备设施安全管理		10					
6.1.1	客用设施定期检查，设备完好，无安全隐患			1				
6.1.2	各类安全告示标志内容正确、清楚			2				
6.1.3	特种设备建立档案，制定专门的操作规范并实施培训			1				
6.1.4	保持疏散通道的安全与畅通，指示正确			2				
6.1.5	饭店公共区域作业，有专门的安全管理制度和措施			2				
6.1.6	饭店监控设施完善、有效			2				
6.2	应急预案		4					
6.2.1	充分识别并建立饭店设备设施安全、环境安全隐患目录，制定应急预案			2				
6.2.2	定期进行应急预案的演练			2				
6.3	员工健康管理		11					
6.3.1	做好各岗位工作防护，建立工作防护目录和措施			1				
6.3.2	各项防护措施完善			2				
6.3.3	提供环境良好的员工休息和就餐环境			1				
6.3.4	建立员工心理辅导机制，关注员工心理健康			2				
6.3.5	通过职业健康安全管理体系（OHSAS 18001）			5				
7	社会责任	56						
7.1	绿色理念宣传		17					
7.1.1	采取5种以上的措施或渠道向顾客宣传绿色理念			2				
7.1.2	定期发布绿色旅游饭店创建绩效和成果			1				
7.1.3	建立环境绩效分享措施，如积分奖励等，提高顾客参与度（1项1分，满分5分）			5				

续表

	本标准总分为300分。	各大项得分汇总栏	各分项得分汇总栏	各次分项得分汇总栏	各小项得分汇总栏	其他城市或行政区域旅游星级饭店评定机构	省、自治区、直辖市旅游星级饭店评定机构	全国旅游星级饭店评定机构
	绿色旅游饭店（金树叶级）：达到240分							
	绿色旅游饭店（银树叶级）：达到180分							
7.1.4	获得政府节能、环境保护方面的奖励（可重复得分）			3				
	获得省级及以上节能、环保奖项				2			
	获得市级节能、环保类奖项				1			
7.1.5	开展创建绿色旅游饭店的媒体宣传（可重复得分）			3				
	得到省级及以上媒体宣传				2			
	得到地方性媒体宣传				1			
7.1.6	建立绿色旅游饭店满意度调查与意见处理制度			1				
7.1.7	定期与员工交流，征集绿色旅游饭店创建的措施			1				
7.1.8	在员工中开展各种环保活动			1				
7.2	供应商管理		5					
7.2.1	定期向供应商发布饭店的环境要求，有记录			1				
7.2.2	定期评估供应商，不选择损害环境的供应商			2				
7.2.3	供应商产品提供过程中（包装、物流、仓储等）有降低消耗、减少环境污染的措施			2				
7.3	社区服务		6					
7.3.1	无社区居民对饭店的环境投诉			1				
7.3.2	参与社区环境公益活动，有活动计划和报告			2				
7.3.3	帮助社区居民改善生存环境，提高生活质量，有计划，有实施报告			1				
7.3.4	对社区开放公共活动设施			1				
7.3.5	开展社区环境保护宣传，有计划和活动报告			1				
7.4	环境绩效改善		14					
7.4.1	饭店单位综合能耗用量			3				
	达到《旅游饭店节能减排指引》先进值				3			
	达到《旅游饭店节能减排指引》合格值				1			
7.4.2	饭店年能源用量			3				
	费用占主营业务营业收入的比例≤6%				3			
	费用占主营业务营业收入的比例为6%～8%				1			
7.4.3	饭店年水使用量			2				
	占主营业务营业收入的比值比上年下降				2			
	占主营业务营业收入的比值与上年同期持平				1			
7.4.4	饭店客房消耗品费用与客房总出租间天数的比值			2				
	比值与上年同期对比有所下降				2			

续表

	本标准总分为300分。 绿色旅游饭店（金树叶级）：达到240分 绿色旅游饭店（银树叶级）：达到180分	各大项得分汇总栏	各分项得分汇总栏	各次分项得分汇总栏	各小项得分汇总栏	其他城市或行政区域旅游星级饭店评定机构	省、自治区、直辖市旅游星级饭店评定机构	全国旅游星级饭店评定机构
	比值与上年同期持平				1			
7.4.5	饭店棉织品费用与客房总出租间天数的比值			2				
	比值与上年同期对比有所下降				2			
	比值与上年同期持平				1			
7.4.6	饭店垃圾总排放量与客房总出租间天数的比值			2				
	比值与上年同期对比有所下降				2			
	比值与上年同期持平				1			
7.5	管理体系的建立		14					
7.5.1	质量管理体系			5				
	通过质量管理体系认证（ISO 9001）				5			
	建立质量管理体系未经过认证				3			
7.5.2	环境管理体系			6				
	通过环境管理体系认证（ISO 14001）				6			
	建立环境管理体系未经过认证				3			
7.5.3	参与国际环境保护，通过相关的认证（每项目1分，满分3分）			3				
	总　分	300						

图书在版编目（CIP）数据

旅游业行业标准汇编. 2015/国家旅游局监督管理司编.--北京：中国旅游出版社,2016.3
ISBN 978-7-5032-5577-9

Ⅰ.①旅… Ⅱ.①国… Ⅲ.①旅游业-行业标准-汇编-中国 Ⅳ. ①F592.6-65

中国版本图书馆CIP数据核字（2016）第060454号

中华人民共和国旅游
行业标准
旅游业行业标准汇编（2015年）
*
中国旅游出版社出版发行
北京市建国门内大街甲9号(100005)
网址 www.cttp.net.cn
发行中心:(010)85166503
读者服务部:(010)65139047
北京工商事务印刷有限公司印刷
各地新华书店经销
*
开本 880毫米×1230毫米 1/16 印张 8.75 字数 110千字
2016年3月第1版 2016年3月第1次印刷
*
书号：ISBN 978-7-5032-5577-9 定价 80.00元

如有印装差错 由本社发行中心负责调换
版权专有 侵权必究
举报电话：(010)85166730